ARMIN ZOGBAUM

Pfeffer

FOTOGRAFIERT VON JÉRÔME BISCHLER

© 2000 Midena & Fona Verlag GmbH, CH-5024 Küttigen

Gestaltung Umschlag und Inhalt: Dora Eichenberger-Hirter, Birrwil

Bilder: Mc Cormick SA, Regensdorf (Seiten 10 und 11); Zyliss Haushaltwaren AG, Lyss (Seite 92); Jérôme Bischler, Schönenberg (alle übrigen Bilder)

Lithos: Neue Schwitter AG, Allschwil

Satz und Digitalvorlagen: Kneuss Print AG, Lenzburg

Druck und Bindung: Neue Stalling, Oldenburg

ISBN 3-907108-25-6

INHALT

Einführung
10 Handelsgeschichte des Pfeffers
12 Das Schärfe-Prinzip
    Die vier pfeffrigen Geschwister:
    schwarzer, grüner, roter und weisser Pfeffer
14 Rosa Pfeffer
    Szechuan-Pfeffer
15 Langer Pfeffer
16 Jamaikapfeffer (Piment)
17 Paradieskörner
18 Unbekannte Pfeffersorten
19 Pfeffermischungen

REZEPTE

Vorspeisen
22 Marinierter Ziegenfrischkäse
24 Balsamico-Zwiebeln
26 Roher Randensalat
    Lachs-Carpaccio
27 Würzige Pfeffer-Fougasse
28 Zitronenfladen mit Rauchlachs
30 Entenleber-Mousse

Suppen
32 Kürbis-Vacherin-Suppe
34 Süsskartoffelsuppe
    Höllische gelbe Peperonisuppe
35 Karotten-Cappuccino
36 Gazpacho mit gepfefferter Avocado-Eiscreme

Pasta & Risotto
38 Ricotta-Ravioli mit grünem Spargel
40 Ratatouille-Risotto mit Zucchiniblüten
42 Spaghettini mit Riesenkrevetten
    Pfeffrige Spaghetti
44 Provenzalischer Apfel-Risotto

Fisch
46 Hummer mit Orangenpfeffer-Schaumsauce
48 Lachs mit Pfeffer-Gewürzkruste
50 Kabeljau-Soufflé mit buntem Reissalat
52 Tropic-Pfeffer-Rotbarbe auf Favebohnen
54 Gegrilltes Thunfischsteak
55 Lachs in Orangenpfeffer-Beize
56 Ananas-Salat mit Riesenkrevetten

Geflügel
58 Pfeffrige Entenbrust auf Bohnen
60 Perlhuhnschenkel sweet & sour
62 Geräucherte Orangenpfeffer-Pouletbrüstchen
64 Gebratene Entenbrust auf grüner Pfeffersauce
65 Pfeffrige Truthahnröllchen
66 Gefüllte Pfeffer-Stubenküken

Fleisch
68 Kalbsfilet mit schwarzer Pfeffer-Pilz-Kruste
70 Schweinskotelett mit Kirschen gratiniert
72 Asiatisch mariniertes Pfeffer-Schweinsfilet
74 Rindsfilet mit Pfeffer-Kaffee-Kruste
76 Kräuter-Roastbeef mit Pfeffer-Feigen
77 Gepfeffertes Lammfilet mit Mesclun-Salat

Desserts
78 Orangen-Quarkcreme mit rosa Pfeffer
    Gepfefferte Zabaione über Sommerbeeren
80 Mango-Eiscreme mit Heidelbeeren
82 Heisse Schokoladentörtchen
84 Hot Chocolate Parfait

Drinks
86 Karibischer Pirat, Bloody Mary, Bloody Bull
88 Pfefferpunsch, Tropischer Pfeffertopf,
    Sacramento
90 Produkte
93 Autoren

Wo nicht andes erwähnt, sind die Rezpete für 4 Personen berechnet.

Abkürzungen

EL	=	Esslöffel
TL	=	Teelöffel
ml	=	Milliliter
dl	=	Deziliter
g	=	Gramm
Msp	=	Messerspitze

VORWORT

Wenn bei Ihrem nächsten Pizzeria-Besuch ein Kellner mit seiner halbmeterlangen Pfeffermühle an Ihren Tisch kommt und fragt: «Noch etwas frisch gemahlenen Pfeffer?», dann können Sie sich wahrscheinlich kaum vorstellen, dass der Inhalt dieser Pfeffermühle in früheren Zeiten mehr Wert hatte als heute Ihr Auto.

Hundertachtzigtausend Tonnen Pfeffer werden weltweit jährlich angebaut. Bedenkt man, dass sich mit 100 g Pfeffer ungefähr 4000 Eier oder 800 Pizzas würzen lassen, so ist das eine ganze Menge und macht den Pfeffer heute noch zum temperamentvoll scharfen König der Gewürze.

Pfeffer war schon immer eines der kostbarsten Dinge auf unserem Planeten. Er war eines der ersten Gewürze, das uns aus dem Morgenland erreichte und das schärfste verfügbare Gewürz bis Ende des Mittelalters. Durch keine andere Zutat konnte er gleichwertig ersetzt werden. Die Schärfe von Zwiebel, Knoblauch und Meerrettich ist nicht kochfest. Andere Gewürze sind in ihrer Schärfe nicht so ergiebig oder haben einen bitteren Nachgeschmack. Und die noch schärfere Pfeffer-/Chilischote trat ihren Siegeszug um die Welt erst nach Entdeckung Amerikas an.

Pfeffer ist zwar scharf, aber bezüglich Aroma neutral genug, um pikanten Gerichten wie auch ausgesuchten Süssspeisen eine feurige Note zu verleihen. Das macht das Kochen mit Pfeffer zu einer lust- und genussvollen Entdeckungsreise. Wer spielt schon nicht gerne mit dem Feuer!

Armin Zogbaum

HANDELSGESCHICHTE DES PFEFFERS

Obwohl Pfeffer schon seit biblischen Zeiten in Südindien angebaut wird, kam die Lust auf das feurige Gewürz erst in der Antike mit dem Indienfeldzug des Griechen Alexander der Grosse. Und nicht der heute so beliebte schwarze Pfeffer war das Objekt damaliger Begierde, sondern langer Pfeffer. Dieses wie kleine schwarze Tannenzapfen aussehende Gewürz wurde sehr gewinnbringend und ohne das Herkunftsland preiszugeben von arabischen Händlern über Ägypten ins Abendland gebracht.

Erst in der zweiten Hälfte des Römischen Reiches überrundete der schwarze den langen Pfeffer bezüglich Beliebtheit und erlangte im Frühmittelalter den Rang eines Statussymbols der feinen Küche.

Zu dieser Zeit kontrollierten venezianische Gewürzhändler den Handel über arabische Mittelsmänner, die ihrerseits den Handel mit Indien unter Kontrolle hatten. Dieses Doppelmonopol verteuerte den Pfeffer dermassen, dass er mit Gold aufgewogen wurde und sich nur die wenigsten Köche dieses Gewürz überhaupt leisten konnten.

So wurde der lukrative Gewürzhandel zur Triebfeder der grossen Entdeckungsreisen. Ende des 15. Jahrhunderts wurde das Weltbild von portugiesischen Seefahrern nachhaltig verändert. Im Jahre 1498 gelang Bartolomeu Diaz die Umrundung des bis zu diesem Zeitpunkt unüberwindbaren Kaps der Guten Hoffnung vor Südafrika. Sein Landsmann Vasco da Gama erreichte 11 Jahre später Indiens Malabarküste. Dort gründeten die Portugiesen die Handelsstützpunkte Daman, Diu und Goa, mit deren Hilfe von nun an Lissabon und nicht mehr Venedig den Gewürzhandel Europas beherrschte. Dies führte aber nicht zu einer Senkung des Pfefferpreises, sondern verlagerte lediglich den Gewinn in ein anderes Land.

Pfefferplanze

Blühende Pfefferpflanze

Das Trocknen von Pfefferkörnern in der Sonne (Ind

Ungefähr zur gleichen Zeit (1492) entdeckte der Italiener Cristofro Colombo unter spanischer Flagge, was er nicht gesucht hatte: Amerika. Doch die zwei einzigen kommerziell erfolgreichen Gewürze aus der Neuen Welt, die Vanille und der Jamaikapfeffer (Piment), liessen Spanien nie zu einer bedeutenden Gewürzhandelsnation werden. Der Pfeffer wurde jedoch auch in der Neuen Welt Bestandteil der traditionellen Küche. In Mexiko ist er in der würzigen Schokoladensauce (mole poblano de pollo = Geflügel an Schokoladensauce) unverzichtbar.

Im 17. Jahrhundert erlangten englische und holländische Handelskompanien die Macht über den Gewürzhandel. Sie beherrschten dank Privilegien, Monopolen und oft auch Territorialhoheitsrechten aus der Kolonialzeit den Welt-Gewürzhandel von Amsterdam und London aus.

Nach den wechselnden Handelsmonopolen und nach Ende der Kolonialzeit nahmen indische Kaufleute erst nach der Unabhängigkeit Indiens im Jahre 1947 den Pfefferhandel selbst in die Hand. Heute handeln sie zusammen mit internationalen Lebensmittelkonzernen die Preise des begehrten Gewürzes an der Pfefferbörse, der International Commodity Exchange for Pepper, in der südwestindischen Stadt Cohin aus. Diese Börse befindet sich im zweiten Stock eines Kolonialgebäudes im alten Stadtteil Mattencherry, nur wenige Autostunden vom richtigen Pfefferland entfernt: Rund um Cohin im Bundesstaat Kerala bauen Kleinbauern 80 Prozent der indischen Ernte an. Die restlichen 20 Prozent stammen aus den Bundesstaaten Karnataka und Tamil Nadu.

Mit mehr als einem Viertel der Weltproduktion (47 000 Tonnen) importieren die Vereinigten Staaten von Amerika heute am meisten Pfeffer.

Trocknen und Sortieren Pfefferkörnern (Indien)

Pfeffermarkt in Indien

Pfeffermarkt in Indien

DAS SCHÄRFE-PRINZIP

Für das brennend scharfe Aroma des schwarzen Pfeffers ist die Alkaloid-ähnliche Verbindung Piperin verantwortlich, die aus Piperinsäure und Piperidin entsteht. Insgesamt sind im schwarzen Pfeffer ca. 5 % Piperidin-Verbindungen enthalten, die jedoch nicht alle scharf schmecken. Schwarzer Pfeffer enthält bis zu 3 % ätherische Öle; sie ergänzen und runden das Aroma ab. Davon entfallen wiederum 80 % auf Monoterpene, welche den Geschmack bestimmen.

Die Aromen des Pfeffers sind sehr flüchtig. Aus diesem Grund sollte er nach Möglichkeit erst kurz vor der Verwendung gemahlen oder zerstossen werden. Die Pfefferaromen sind neutral genug, dass sie zum Würzen von pikanten Gerichten wie auch von ausgesuchter Süssspeisen verwendet werden können.

DIE VIER PFEFFRIGEN GESCHWISTER:
SCHWARZER, GRÜNER, ROTER UND WEISSER PFEFFER

Der Pfefferanbau beschränkte sich lange Zeit auf die Malarbarküste im Südwesten Indiens, wo auch heute noch der beste Pfeffer und knapp die Hälfte der Weltproduktion von 180 000 Tonnen herkommt. Indiens Hauptkonkurrenten sind Indonesien, Brasilien, Malaysia und seit neustem auch Vietnam.

Bei allen vier Pfeffersorten handelt es sich um die in verschiedenen Reifegraden geernteten Früchte der bis zu 9 m hohen Kletterpflanze *Piper nigrum*. Die Kletterpflanze schlingt sich an hohen Baumstämmen empor, insbesondere an hohen Betelnusspalmen. In Kulturen wird die Höhe aus praktischen Gründen auf etwa 2 Meter beschränkt. Nach 4 Jahren trägt die Pflanze zum ersten Mal zahlreiche ungefähr 10 cm lange Blütendolden mit je 50 bis 60 kleinen gelbgrünen Blüten. Aus jeder dieser Blüten wächst ein Pfefferkorn; die Früchte sehen wie Miniatur-Weintrauben (siehe Bild Seite 10) aus. Mit Hilfe von langen Bambusleitern werden sie in aufwändiger Handarbeit gepflückt.

Pfeffer hat auch gesundheitsfördernde Wirkungen: So wirkt er leicht fiebersenkend, verdauungsfördernd und gegen Blähungen. Allerdings sollten Menschen mit Krampfadern und Hämorriden den Konsum etwas einschränken.

Schwarzer Pfeffer

Sein warmes, volles Aroma und die angenehme Schärfe machen ihn zum beliebtesten der vier Geschwister. Geerntet wird, wenn die Pfefferbeeren fast reif, aber noch grün sind. Zum Trocknen werden sie in der Sonne ausgebreitet. Nach einigen Tagen sind die Beeren hart, dunkelbraun und die Oberfläche schrumpelig.

Grüner Pfeffer

Seine frische, aromatisch-mildscharfe Würze wird überall dort eingesetzt, wo die Schärfe des schwarzen Pfeffers stören würde. Eingelegter Pfeffer ist so weich, dass er zwischen den Fingern zerdrückt werden kann.

Die Pfefferbeeren werden grün und unreif geerntet, noch etwas später als für schwarzen Pfeffer. Die aufwändige Weiterverarbeitung erfolgt nicht beim Pfefferbauern. Der grüne Pfeffer wird erntefrisch verkauft und auf schnellstem Weg in Spezialbetriebe gebracht. Dort wird er gewaschen, kalibriert (sorgfältig nach Durchmesser sortiert) und anschliessend in eine Salz-Essig-Lösung eingelegt. Oder der Pfeffer wird in einem kostspieligen Verfahren gefriergetrocknet.

Roter Pfeffer

Sein voller, scharfer Geschmack setzt sich aus zwei Komponenten zusammen: Eine ist die rote, sehr aromatisch-süssliche Hülle und die andere der elfenbeinfarbige, sehr scharfe Fruchtstein.

Roter Pfeffer ist eine Rarität unter den Pfeffersorten, die nur sehr selten in den Handel kommt und nicht mit rosa Pfeffer verwechselt werden darf, welcher von einer ganz anderen Pflanze stammt. Roter Pfeffer wird ausgereift, d. h. ein bis zwei Wochen nach dem grünen Pfeffer geerntet. Er kann wegen seiner weichen, zuckerhaltigen Hülle nur eingelegt oder gefriergetrocknet gehandelt werden.

Weisser Pfeffer

Der schärfsten aller Pfeffersorten fehlen die begleitenden Aromen. Dieser Pfeffer wird lediglich aus optischen Gründen in hellen Suppen und Saucen verwendet. Zur Herstellung werden die ausgereiften roten Pfefferbeeren tagelang in Wasser eingelegt und anschliessend wird die äussere aufgeweichte Hülle der Steinfrucht mechanisch entfernt. Zurück bleibt das elfenbeinweisse, sehr scharfe Pfefferkorn.

Rosa Pfeffer
Mit seiner leichten, süsslich-aromatischen Schärfe eignet er sich besonders zum Würzen von Gemüse, Fisch, Schokolade und schokoladenhaltigen Süssspeisen.

Doch dieses sehr dekorative Gewürz ist eigentlich gar kein Pfeffer, sondern die pfeffrig schmeckende getrocknete Beere des südamerikanischen Strauches *Shinus terebinthifolius Raddi.*

Obwohl rosa Pfeffer auch in Brasilien angebaut wird, und nachdem er verschleppt wurde, sogar wild in Florida wächst, kommt der Grossteil dieses Gewürzes von der Insel Réunion, östlich von Madagaskar, in unsere Delikatessengeschäfte.

Szechuan-Pfeffer
Das Aroma dieser kleinen braunen Samenkapseln ist nicht wirklich scharf, sie haben aber auf der Zunge eine leicht betäubende Wirkung. Das Aroma erinnert zudem an Anis, weshalb er auch «Anispfeffer» genannt wird.

Szechuan-Pfeffer ist Bestandteil des chinesischen Fünf-Gewürze-Pulvers und wird besonders häufig in der chinesischen Küche eingesetzt.

Szechuan-Pfeffer stammt trotz seines Namens nicht von der echten Pfefferpflanze ab. Er wächst an dem bis zu 3 Meter hohen Buschbaum *Zanthoxylum piperitum.* Diese mit spitzen Dornen bewehrte Pflanze ist hauptsächlich in China, Japan, Vietnam und Indien beheimatet.

Aus den winzigen weissen Blüten des Strauchbaums wachsen bis zum Herbst die kleinen braunen Samenkapseln. Geerntet und in der Sonne zum Trocknen ausgebreitet, springen diese auf und geben Samen frei, die wegen ihres bitteren Geschmacks entfernt werden. In Japan werden auch die im Frühling geernteten jungen Blätter als Gewürz und zum Garnieren verwendet.

Langer Pfeffer

Seine leicht süssliche, warme Schärfe übertrifft sogar die des weissen Pfeffers.

Die winzigen Beeren, die mit dem Fruchtstiel zusammengewachsen sind, sehen aus wie kleine schwarze Tannenzapfen. Zum Würzen werde diese zerbrochen und im Mörser zerstossen.

Es gibt zwei verwandte, fast identisch schmeckende Arten. Der lange Pfeffer *Piper longum,* auch Bengalischer Pfeffer genannt, kommt aus Indien und ist bei uns erhältlich. *Piper retrotractum,* auch Balinesischer Pfeffer genannt, wächst in Indonesien.

Die mehrjährige Kletterpflanze wird seit Jahrtausenden für kulinarische und medizinische Zwecke angebaut. Nur die weiblichen Pflanzen liefern das begehrte Gewürz, das in Milch gekocht auch in der ayurvedischen Medizin Verwendung findet. Es hilft bei Asthma, Verdauungsbeschwerden, Erkältungskrankheiten und Legenden zufolge auch bei nachlassender Manneskraft.

Im Römischen Reich zog man das Aroma des Langen Pfeffers dem des schwarzen Pfeffers vor und bezahlte dafür etwa dreimal so viel. Auch heute ist er einiges kostspieliger als die anderen Pfeffersorten, was aber auf seinen Rang als aussergewöhnliche Spezialität mit beschränktem Handelsvolumen zurückzuführen ist.

Jamaikapfeffer (Piment)

Sein Geschmack erinnert mehr an eine Gewürzmischung aus Gewürznelken, Zimt, Muskatnuss und einer Prise Pfeffer als an ein einzelnes Gewürz.

Er ist ein wichtiges Gewürz in der karibischen Küche und ganz besonders in England und in den Vereinigten Staaten beliebt. Dort trägt er den Namen *allspice,* was so viel bedeutet wie Universalgewürz, und findet Verwendung in Pasteten und Terrinen genauso wie in Früchtekuchen und Puddings. In Frankreich ist er unverzichtbarer Bestandteil der klassischen Gewürzmischung *quatre épices* und im Mittleren Osten, besonders in der Türkei, ist er das dominierende Gewürz in Reis-, Wild- und Fleischgerichten.

Jamaikapfeffer ist trotz seines Namens kein Vertreter der echten Pfefferfamilie. Cristofro Colombo entdeckte ihn während einer Expedition und hat ihn vermutlich auf Grund seines Aussehens und seiner Herkunft benannt. Auch heute noch ist Jamaika das Haupt-Exportland dieser Beeren des immergrünen Strauches *Pimenta dioica* aus der Familie der Myrtengewächse. Sie werden unreif geerntet und dann getrocknet. Inzwischen produzieren auch Mexiko und Honduras dieses Gewürz, jedoch in minderer Qualität.

Paradieskörner

Ihr Aroma ist warm, würzig und scharf, mit einem leicht herben Nachgeschmack. Die angenehme Schärfe ist nicht so stark wie die des Pfeffers und harmoniert besonders mit Gemüse- und Fischgerichten.

Wie der Name schon vermuten lässt, gehören Paradieskörner nicht zur Pfefferfamilie; die Körner sind die rotbraunen Samen des Ingwergewächses *Aframomum melegueta*. Vor allem im Europa des 15. Jahrhunderts, bevor der Seeweg nach Indien gefunden wurde, waren sie eines der wichtigsten Gewürze und als Pfefferersatz äusserst beliebt.

Die Küste Ghanas, Togos, Benins und Nigerias wird auch heute noch Pfefferküste genannt; dieser Übername stammt aus der Blütezeit des Handels mit diesem Gewürz. Paradieskörner sind ausser in den Anbauländern auch ein fester Bestandteil der Küche Nordafrikas. In Frankreich kann man die Paradieskörner dank den vielen afrikanischen Einwanderern problemlos kaufen.

UNBEKANNTE PFEFFERSORTEN

Die Familie der Pfefferpflanzen besteht aus 5 bis 10 Gattungen und etwa 2000 Arten. Nur wenige davon fanden als Gewürz in der Küche Verwendung und nicht alle sind heute noch bekannt. Dieses Kapitel ist deshalb den wichtigsten der vergessenen Pfeffersorten und einem Pfefferersatz gewidmet.

Kubebenpfeffer
Diese scharf bitteren Pfefferkörner sind etwas grösser als schwarzer Pfeffer und haben einen kleinen Stiel. Die getrockneten Beeren der echten Pfefferpflanze *Piper cubeba* werden vor allem in Nordafrika als Gewürz sowie als Aphrodisiakum geschätzt.

Mönchspfeffer
Er hat ein sehr mildes, zartbitteres Aroma. Die getrockneten Beeren des Eisenkrautgewächses *Vitex agnus-castus* sind heute nur noch in Marokko erhältlich.

Tasmanischer Pfeffer
Zuerst schmeckt dieses ähnlich wie schwarzer Pfeffer aussehende Gewürz leicht süsslich, dann aber ist es umso schärfer. Tasmanischer Pfeffer findet vor allem in der australischen Küche der Aborigines und ihrer erfolgreichen, modernen Ableitung *bush food* Verwendung. Es werden damit so typische Spezialitäten wie Känguru-Steaks und Emu-Eintöpfe gewürzt.

Auch Tasmanischer Pfeffer ist trotz seines Namens kein Mitglied der echten Pfefferfamilie. *Tasmannia lanceolata*, so sein lateinischer Name, gehört zur Familie *Winteraceae* der Magnoliengewächse und kommt in den australischen Bundesstaaten Tasmanien, Victoria und New South Wales vor.

PFEFFERMISCHUNGEN

Tropic-Pfeffer, bunter Pfeffer
Im Handel befinden sich auch bunte, dekorative Pfeffermischungen in unterschiedlicher Zusammensetzung für die durchsichtige Pfeffermühle. Sie enthalten meist ein Gemisch aus schwarzem, weissem, grünem und rosa Pfeffer und können mit Jamaikapfeffer angereichert sein.

Zitronenpfeffer, Orangenpfeffer, Fruchtpfeffer, Knoblauchpfeffer
Die Lebensmittelindustrie stellt heute verschiedene, oft mit viel Salz angereicherte Pfeffermischungen her. Sie enthalten je nach Aroma gefriergetrocknete Zitrusfruchtschalen, Knoblauch, Zwiebeln, Aromazusätze und verschiedene Gewürze.

REZEPTE

VORSPEISEN	**22**
SUPPEN	**32**
PASTA & RISOTTO	**38**
FISCH	**46**
GEFLÜGEL	**58**
FLEISCH	**68**
DESSERTS	**78**
DRINKS	**86**

MIT ROSA PFEFFER MARINIERTER ZIEGENFRISCHKÄSE

2 pyramidenförmige
Ziegenfrischkäse,
je ca. 150 g

3 EL rosa Pfefferkörner,
leicht zerdrückt
4 EL weisser Portwein
4 EL Birnendicksaft

1 Hand voll Brunnenkresse oder
Portulak für die Garnitur

1 Die beiden Frischkäse aus der Verpackung stürzen und vorsichtig zweimal waagrecht durchschneiden.

2 Die Schnittflächen sowie die oberste Fläche mit rosa Pfefferkörnern bestreuen und mit Portwein beträufeln. Die Käse-Pyramiden wieder vorsichtig zusammensetzen, anrichten und mit Klarsichtfolie bedecken. Bei Zimmertemperatur etwa 30 Minuten marinieren.

3 Den Birnendicksaft kurz vor dem Servieren über den Käse träufeln. Nach Belieben mit etwas Brunnenkresse garnieren.

Dazu passen
Birnenspalten, Früchtebrot oder knusprige Baguette

Varianten
Für 4 Einzelportionen die Käse nur einmal waagrecht halbieren, auf Tellern anrichten und wie im Rezept beschrieben marinieren. Den Ziegenfrischkäse durch Weissschimmelkäse wie Tomme, Camembert oder Brie ersetzen. Den Birnendicksaft durch Akazienhonig ersetzen.

MIT PFEFFER-RICOTTA GEFÜLLTE BALSAMICO-ZWIEBELN

4 grosse rote Zwiebeln
2 EL Olivenöl extra nativ
Meersalz
schwarzer Pfeffer aus der Mühle

Balsamico-Sauce
3 dl/300 ml Balsamico
10 schwarze Pfefferkörner, zerstossen
50 g kalte Butterstückchen
Meersalz

Pfeffer-Mascarpone
8 Basilikumblätter
150 g Ricotta
1 EL Olivenöl extra nativ
Meersalz
1 EL schwarze Pfefferkörner, zerstossen

1 Den Backofen auf 200 Grad vorheizen.

2 Die Zwiebeln schälen und der Länge nach halbieren. Die inneren Zwiebelschichten bis auf ca. 15 mm Rand vorsichtig entfernen. Das «Ausgehöhlte» fein hacken und für die Sauce beiseite stellen. Die Zwiebelhälften rundum mit Olivenöl bepinseln, mit Salz und Pfeffer würzen, mit der Schnittfläche nach unten auf ein mit Backpapier belegtes Blech legen, in der Mitte des auf 200 Grad vorgeheizten Ofens ca. 20 Minuten braten. Bis zum Servieren warm stellen.

3 Für die Sauce Balsamico, Pfeffer und gehackte Zwiebeln auf knapp 1 dl/100 ml einkochen lassen, absieben. Die Butter mit dem Schneebesen unter ständigem Rühren nach und nach zur Reduktion geben. Damit die Sauce nicht abkühlt, gelegentlich kurz auf die Wärmequelle stellen. Nicht mehr kochen. Mit Salz abschmecken.

4 Die Basilikumblätter fein schneiden, zusammen mit Ricotta und Olivenöl glatt rühren, mit Salz würzen.

5 In die gegarten Zwiebeln wenig Sauce geben, mit der Ricotta füllen und grosszügig mit Pfeffer bestreuen. Anrichten. Nach Belieben die restliche Sauce rund um die Zwiebeln träufeln.

Beilage
Warmes (aufgebackenes) italienisches Brot, z. B. Focaccia oder ofenfrische Brioches.

Variante
Die Balsamico-Sauce harmoniert auch mit dem Rindsfilet mit Pfeffer-Kaffee-Kruste, S. 74, hervorragend! Einfach den Balsamico mit zusätzlich einer fein gehackten Zwiebel einkochen.

ROHER RANDENSALAT MIT ORANGENPFEFFER-VINAIGRETTE

600 g kleine rohe Randen/Rote Beten
1 Hand voll Portulak oder Friséesalat
2 Orangen

Orangenpfeffer-Vinaigrette
3 EL Kräuter-Weissweinessig
2 EL Orangensaft
6 EL Olivenöl extra nativ
2 TL Orangenpfeffer
Meersaalz
1 Bund Schnittlauch, fein geschnitten

1 Die Randen schälen und auf dem Gemüsehobel in feine Scheiben hobeln.

2 Den Portulak auf vier Teller verteilen und die Randenscheiben darauf locker anrichten.

3 Die Orangen mit einem Messer grosszügig schälen und die Schnitze aus den Trennhäutchen herausschneiden und entkernen, den Saft auffangen. Die Orangenschnitze zwischen die Randenscheiben legen.

4 Für die Vinaigrette Essig, Orangensaft, Olivenöl und Orangenpfeffer in einer Schüssel verrühren. Mit Salz abschmecken, den Schnittlauch beifügen und über den Salat träufeln.

LAUWARMER LACHS-CARPACCIO MIT PFEFFER-GRAPEFRUIT-VINAIGRETTE

600 g frisches Lachsfilet,
ohne Haut und Gräten
4 Prisen Meersalz
2 unbehandelte weisse Grapefruits
4 EL Olivenöl extra nativ
1 EL eingelegte grüne Pfefferkörner,
grob gehackt
1/2 TL Zitronenpfeffer
1 Hand voll Brunnen- oder Gartenkresse

1 Den Backofen auf Grillstufe vorheizen.

2 Das Lachsfilet in sehr feine Scheiben schneiden, auf 4 ofenfesten Porzellan- oder Glastellern flach auslegen und mit etwas Salz würzen.

3 Von der Schale einer Grapefruit mit einem Sparschäler 4 dünne Streifen abschälen, diese quer in feine Julienne schneiden, über den Lachs streuen.

4 Die Grapefruits mit einem Messer grosszügig schälen und die Schnitze aus den Trennhäutchen herausschneiden und entkernen, den Saft auffangen und die Trennhäutchen gut auspressen. Die Schnitze auf den Lachs verteilen.

5 Den Grapefruitsaft mit Olivenöl, grünem Pfeffer und Zitronenpfeffer verrühren und über den Lachs träufeln.

6 Die Teller auf oberstem Einschub in den vorgeheizten Ofen stellen und rund 1 Minute überbacken. Mit Kresse bestreuen, sofort servieren.

WÜRZIGE PFEFFER-FOUGASSE

Hefeteig
1/2 TL Kümmelsamen
1 TL Koriandersamen
1 TL Fenchelsamen
1/3 TL Anissamen
400 g Weissmehl
1 Päckchen Trockenhefe
1 1/2 TL Meersalz
2 EL Olivenöl extra nativ
2 EL Milch
2,5 dl/250 ml lauwarmes Wasser

zum Bestreuen
1 EL rosa Pfefferkörner
1 TL schwarze Pfefferkörner, grob zerstossen
1 TL grobes Meersalz

1 Für den Hefeteig die Gewürze im Mörser fein zerstossen, mit den restlichen Zutaten in eine Schüssel geben und zu einem glatten Teig zusammenfügen. Den Teig nicht kneten! Die Schüssel mit einem Tuch bedecken und den Teig ca. 30 Minuten gehen lassen.

2 Den Teig mit etwas Mehl bestäuben und mit den Händen zu ovalen, ca. 1 cm dicken Teigstücken formen. Die Teigovale mit einigen kurzen Messerschnitten blattähnlich dekorieren. Die Einschnitte mit den Fingern etwas vergrössern. Die Brote auf ein mit Backpapier belegtes Blech legen, mit Wasser bepinseln und mit rosa Pfeffer, schwarzem Pfeffer sowie Meersalz bestreuen. Fougasse etwa 20 Minuten bei Zimmertemperatur gehen lassen.

3 Den Backofen auf 220 Grad vorheizen.

4 Fougasse in der Mitte des auf 220 Grad vorgeheizten Ofens etwa 20 Minuten goldbraun backen. Lauwarm servieren.

Tipp
Die Fougasse ist ein ideales Aperitif-Gebäck. Anstelle der klassischen Form kann man den Teig auch zu dünnen Stangen drehen und je nach Dicke etwa 10 Minuten goldbraun backen.

ZITRONENFLADEN MIT GRÜNEM PFEFFER UND RAUCHLACHS

für ein Kuchenblech von ca. 30 cm Durchmesser

Hefeteig
250 g Mehl
2 dl/200 ml Wasser
2 EL Olivenöl extra nativ
½ TL Meersalz
2 TL Trockenhefe

Guss
180 g Crème fraîche
1 TL Meersalz
1 TL eingelegte grüne Pfefferkörner, grob gehackt

Belag
1 unbehandelte Zitrone, in sehr feinen Scheiben
150 g Rauchlachs, in Streifen
1 EL eingelegte grüne Pfefferkörner
einige Zitronenmelisseblättchen

1 Für den Teig alle Zutaten in eine Schüssel geben und zu einem glatten Teig zusammenfügen. Nicht kneten! Die Schüssel mit einem Tuch bedecken und den Teig rund 30 Minuten gehen lassen.

2 Den Teig mit etwas Mehl bestäuben und mit den Händen in das beschichtete Kuchenblech drücken.

3 Den Backofen auf 200 Grad vorheizen.

4 Die Zutaten für den Guss verrühren und auf dem Teig verteilen, ca. 2 cm Rand frei lassen. Die Zitronenscheiben darauf legen.

5 Den Fladen auf unterem Einschub des auf 200 Grad vorgeheizten Ofens rund 25 Minuten backen. Rauchlachs, grünen Pfeffer und Zitronenmelisse darauf verteilen.

6 Den Fladen in Stücke schneiden und warm servieren.

ENTENLEBER-MOUSSE
AUF BETRUNKENER PFEFFERBIRNE

Pfefferbirne
7,5 dl/750 ml trockener Weisswein
2 EL schwarze Pfefferkörner
1 Lorbeerblatt
1 Stück Zimtstange, 5 cm
2 Gewürznelken
2 EL Zucker
4 mittelgrosse Birnen,
Williams oder Gute Luise

Entenleber-Mousse
150 g Entenleber
1 EL Bratbutter/Butterschmalz
2 EL Apfel- oder Birnensaft
1 Msp Meersalz
40 g Butter
1 dl/100 g Halbrahm/süsse Sahne
4 EL eingelegte grüne Pfefferkörner,
grob gehackt

1 Weisswein, Gewürze und Zucker aufkochen. Die Birnen schälen und in den Sud legen, bei kleiner Hitze knapp weich garen, im Sud erkalten lassen.

2 Die Entenleber in grobe Stücke schneiden und in der Bratbutter gut durchbraten, mit dem Apfelsaft ablöschen, die Flüssigkeit bis auf ca. 1 Esslöffel einkochen lassen. Die Pfanne von der Wärmequelle nehmen und etwas abkühlen lassen. Die Leber mit Salz und Butter im Cutter oder im Bechermixer sehr fein pürieren, kalt stellen. Wenn das Leberpüree kalt, aber noch nicht fest ist, den geschlagenen Halbrahm unterheben. Mindestens eine Stunde kalt stellen.

3 Die Birnen aus dem Sud nehmen und der Länge nach halbieren, das Kerngehäuse ausstechen, anrichten.

4 3 dl/300 ml Weissweinsud bei starker Hitze auf ca. 4 Esslöffel sirupartig einkochen, auskühlen lassen und beiseite stellen.

5 Von der Mousse mit einem Eisportionierer 8 kleine Kugeln abstechen, von Hand nachformen und im grünen Pfeffer drehen. Je eine Kugel in jede Birnenhälfte setzen. Mit wenig Weinsirup umgiessen.

Tipp
Mit Toast oder ofenfrischer Baguette servieren.

Varianten
Die Entenleber durch die gleiche Menge Hühnerleber ersetzen. Die Birnen können statt in Weisswein auch in einem kräftigen Rotwein pochiert werden. Sie bekommen dann eine schöne hellrote Farbe. Lässt man die Birnen zugedeckt im Kühlschrank einen Tag im Rotweinsirup ziehen, werden sie kräftig dunkelrot.

KÜRBIS-VACHERIN-SUPPE
MIT GRÜNEM PFEFFER

800 g Kürbisfleisch
1 Zwiebel
1 Knoblauchzehe
6 dl/600 ml Gemüsebrühe
2 EL Butter
2 Thymianzweige
200 g geriebener Freiburger Vacherin oder junger Gouda
1,8 dl/180 g (1 Becher) Halbrahm/süsse Sahne
Meersalz
1 EL eingelegte grüne Pfefferkörner, grob gehackt
1 Prise Muskatnuss

1 Das Kürbisfleisch klein würfeln, die Zwiebel hacken, zusammen mit dem durchgepressten Knoblauch in der Butter andünsten. Thymianzweige zufügen, mit der Gemüsebrühe aufgiessen, aufkochen und bei kleiner Hitze während etwa 20 Minuten weich kochen. Die Thymianzweige entfernen. Die Suppe fein pürieren.

2 Den Rahm flaumig schlagen.

3 Kurz vor dem Servieren die Suppe aufkochen, den Vacherin unterrühren und schmelzen lassen, mit Salz, grünem Pfeffer und Muskatnuss abschmecken. Den Schlagrahm leicht unterziehen. Anrichten.

Tipp
Für diese Suppe eignet sich der Muskatkürbis (Muscade de Provence) ausgezeichnet. Er hat ein passendes, kräftiges Aroma, eine traumhafte orange Farbe und ausgezeichnete Kocheigenschaften. Natürlich lässt sich diese Suppe auch mit jedem anderen Kürbis zubereiten. Allerdings kann die Konsistenz der Suppe leicht variieren und muss eventuell mit wenig Gemüsebrühe verdünnt werden.

SÜSSKARTOFFELSUPPE MIT TROPIC-PFEFFER UND MANGO

1 EL Butter
2 Schalotten
1/2 l Gemüsebrühe
500 g Süsskartoffeln/Batate
1 reife Mango
1,8 dl/180 g (1 Becher) Rahm/süsse Sahne
1 EL Tropic-Pfefferkörner, grob zerdrückt
1 EL gehackter Koriander
1 TL flüssiger Honig
Meersalz

1 Die Schalotten fein hacken. Die Süsskartoffeln schälen und klein würfeln. Die Mango schälen und das Fruchtfleisch vom Stein schneiden, davon 3/4 klein würfeln, den Rest für die Garnitur sehr klein würfeln.

2 Die Schalotten in der Butter andünsten, die Süsskartoffeln beifügen, mit der Gemüsebrühe aufgiessen, bei kleiner Hitze weich kochen, die Mangos die letzten 5 Minuten mitkochen. Die Suppe fein pürieren.

3 Die Süsskartoffelsuppe erneut aufkochen, je nach Konsistenz mit wenig Gemüsebrühe verdünnen. Den flaumig geschlagenen Rahm unterziehen, mit Tropic-Pfeffer, Koriander, Honig und Salz abschmecken. Die Suppe anrichten, die Mangowürfelchen darüber streuen.

HÖLLISCHE GELBE PEPERONISUPPE

4 grosse gelbe Peperoni/Gemüsepaprika, ca. 900 g
1 Schalotte
2 Knoblauchzehen
2 EL Olivenöl extra nativ
2 EL weisse Pfefferkörner, grob zerstossen
2,5 dl/250 ml Gemüsebrühe
360 g (2 Becher) Vollmilchjogurt
Meersalz
4 EL Wodka

1 Die Peperoni längs aufschneiden, den Stielansatz und die Kerne entfernen, in kleine Stücke schneiden. Die Schalotte fein hacken, zusammen mit dem durchgepressten Knoblauch im Olivenöl andünsten, den Pfeffer dazugeben, mit der Gemüsebrühe aufgiessen, das Gemüse weich kochen, etwa 10 Minuten. Fein pürieren. Die Suppe vollständig erkalten lassen.

2 Den Jogurt bis auf 4 Esslöffel unter die Peperonisuppe rühren, mit Salz und Wodka abschmecken, kalt stellen.

3 Die Peperonisuppe in geeisten Schälchen oder Suppentellern anrichten und mit dem restlichen Jogurt garnieren.

Tipp
Wer eine warme Suppe wünscht, ersetzt den Jogurt durch Halbrahm/süsse Sahne, Wodka erst kurz vor dem Servieren unterrühren.

KAROTTEN-CAPPUCCINO
MIT ORANGENPFEFFER

für 4 Kaffeetassen

300 g Karotten
2 Schalotten
1 EL Butter
1/2 l Gemüsebrühe
2 EL Orangensaft
2 TL Orangenpfeffer
Meersalz
1 dl/100 g Halbrahm/süsse Sahne
1 Prise Kakaopulver

1 Die Karotten schälen und in feine Scheiben schneiden, die Schalotten fein hacken, beides in der Butter andünsten, mit der Gemüsebrühe aufgiessen, bei kleiner Hitze weich garen, etwa 10 Minuten.

2 Die Suppe fein pürieren, mit Orangensaft, Orangenpfeffer und Salz abschmecken.

3 Den Halbrahm flaumig schlagen.

4 Kurz vor dem Servieren die Suppe aufkochen und in Kaffeetassen anrichten. Mit einem Häubchen Schlagrahm garnieren und mit wenig Kakaopulver bestäuben.

GAZPACHO MIT GEPFEFFERTER AVOCADO-EISCREME

Gazpacho
6 Scheiben Toastbrot ohne Rinde
1,5 dl/150 ml Wasser
1 rote Peperoni/Gemüsepaprika
500 g Tomaten
1 Salatgurke
1 Zwiebel
2 Knoblauchzehen
4 EL Olivenöl extra nativ
2 EL Weissweinessig
2 TL Zucker
2 TL frisch gemahlener
schwarzer Pfeffer
Meersalz

Garnitur
100 g Cherrytomaten
1 kleine rote Zwiebel
2 TL rosa Pfefferkörner

Avocado-Eiscreme
3 weiche Avocados
(360 g Fruchtfleisch)
2 Becher (3,6 dl/360 g)
saurer Halbrahm/saure Sahne
3 EL Limettensaft
1 Prise Zucker
1 1/2 TL Meersalz
1 El rosa Pfefferkörner

1 Das Toastbrot im Wasser einweichen. Die Peperoni halbieren, den Stielansatz und die Kerne entfernen, klein würfeln. Die Tomaten an der Spitze kreuzweise einschneiden, in einem Schaumlöffel in kochendes Wasser tauchen, bis sich die Haut löst; die Früchte schälen, den Stielansatz entfernen, würfeln. Die Salatgurke schälen und würfeln. Die Zwiebel und den Knoblauch grob hacken. Die Zutaten bis und mit Zucker im Bechermixer fein pürieren, eventuell durch ein Sieb streichen. Den Pfeffer unterrühren, mit Salz abschmecken. Einige Stunden kalt stellen.

2 Für das Eis die Avocados halbieren und den Stein entfernen, das Fruchtfleisch mit einem Löffel herauslösen, mit Sauerrahm, Limettensaft, Zucker und Salz fein pürieren. Rosa Pfeffer unterrühren. Die Avocadomasse in eine flache Schüssel verteilen, in den Tiefkühler stellen. Ab und zu mit einer Gabel rühren. Oder die Masse in einer Eismaschine gefrieren. Rund 10 Minuten vor dem Servieren in den Kühlschrank stellen.

3 Die Cherrytomaten vierteln, die Zwiebel in feine Scheiben schneiden.

4 Gazpacho in geeisten Suppentellern anrichten. 1 bis 2 Kugeln Avocado-Eiscreme darauf setzen, mit den Cherrytomaten und den Zwiebeln garnieren, den rosa Pfeffer darüber streuen.

Gazpacho
Diese leichte, erfrischende Suppe kann gut vorbereitet werden. Das Avocado-Eiscreme macht sie zu etwas Besonderem. Auch Gäste werden sich damit gerne verwöhnen lassen!

RICOTTA-RAVIOLI MIT ZITRONENPFEFFER UND GRÜNEM SPARGEL

Ravioliteig
300 g Hartweizendunst (Teigwaren- oder Knöpflimehl)
1 TL Meersalz
2 verquirlte Freilandeier
6–8 EL kaltes Wasser
1 EL Olivenöl extra nativ zum Bepinseln
1 Freilandei zum Bepinseln

Füllung
250 g Ricotta
2 Eigelb von Freilandeiern
2 EL frisch geriebener Parmesan
1 unbehandelte Limette, abgeriebene Schale und 1 TL Saft
1 TL Zitronenpfeffer
Meersalz

500 g grüner Spargel
1 unbehandelte Limette
schwarzer Pfeffer aus der Mühle
80 g Butter

1 Hartweizendunst, Salz, Eier und Wasser in einer Schüssel zusammenfügen. Den Teig auf der Arbeitsfläche von Hand so lange kneten, bis er geschmeidig ist und glänzt und sich warm anfühlt. Die Teigkugel mit Olivenöl bepinseln, in Klarsichtfolie einwickeln und bei Zimmertemperatur ca. 30 Minuten ruhen lassen.

2 Sämtliche Zutaten für die Füllung miteinander vermengen, mit Zitronenpfeffer und Salz abschmecken.

3 Die Limetten in Längsrichtung möglichst dünn abschälen und die Schalen in feine Streifen schneiden.

4 Den Teig in zwei Portionen teilen, von Hand 2 gleich grosse, dünne Rechtecke ausrollen. Ein Teigblatt mit verquirltem Ei bepinseln, im Abstand von ca. 4 cm einen gehäuften Teelöffel Füllung darauf setzen. Das zweite Teigblatt darauf legen, die Zwischenräume sehr gut andrücken. Die Ravioli mit einem runden Ausstecher (gibt etwas Abfall) ausstechen oder mit dem Teigrädchen quadratisch schneiden.

5 Das untere Drittel der Spargelstangen schälen, das Ende kappen, die Spitzen etwa 5 cm lang abschneiden, eventuell längs halbieren, den Rest diagonal in feine Scheiben schneiden, im Dampf knackig garen.

6 Die Ravioli in reichlich Salzwasser al dente kochen, abgiessen.

7 Die Ravioli und den Spargel auf vorgewärmten Tellern anrichten. Mit den Limettenstreifen und grob gemahlenem schwarzem Pfeffer würzen. Die Butter aufschäumen lassen, darüber träufeln.

RATATOUILLE-RISOTTO
MIT GEFÜLLTEN ZUCCHINIBLÜTEN

Risotto
1 Zwiebel
1 kleine Aubergine
je 1 rote und gelbe
Peperoni/Gemüsepaprika
3 EL Olivenöl extra nativ
400 g Risottoreis, z. B. Vialone,
Carnaroli, Arborio
2 Knoblauchzehen
2 dl/200 ml kräftiger Rotwein
7 dl/700 ml Tomatensaft
3 dl/300 ml kräftige Gemüsebrühe
75 g Boursin mit Pfeffer
1 EL gehackte Rosmarinnadeln
1 EL fein gehackte Thymianblättchen
Meersalz
schwarzer Pfeffer aus der Mühle

Zucchini
4 Zucchini mit Blüte
125 g Vollmilchquark
1 Eigelb von einem Freilandei
3 EL frisch geriebener Parmesan
Meersalz
schwarzer Pfeffer aus der Mühle

1 Die Zwiebel grob hacken. Die Aubergine beidseitig kappen, in 1 cm grosse Würfel schneiden. Die Peperoni halbieren, den Stielansatz und die Kerne entfernen, in 1 cm grosse Quadrate schneiden.

2 Zwiebeln, Auberginen und Peperoni im Olivenöl andünsten, die Knoblauchzehen dazupressen und den Reis beifügen, kurz mitdünsten, den Rotwein angiessen und fast vollständig einkochen lassen. Den Tomatensaft und die Gemüsebrühe aufkochen, unter häufigem Rühren nach und nach zum Reis geben; er soll immer knapp mit Flüssigkeit bedeckt sein. Die Garzeit beträgt rund 20 Minuten; der Reis soll cremig, aber noch kernig sein. Frischkäse, Rosmarin und Thymian unterrühren, mit Salz und reichlich schwarzem Pfeffer abschmecken.

3 Für die Zucchinifüllung Quark, Eigelb und Parmesan verrühren, mit Salz und reichlich Pfeffer abschmecken.

4 Den Stempel der Zucchiniblüten herausbrechen. Die Frucht längs in feine Scheiben schneiden, ohne sie von der Blüte zu trennen. Die Blüte mit der Quarkmischung füllen, die Spitzen zudrehen. Im Dämpfaufsatz 5 bis 7 Minuten garen.

5 Den Risotto anrichten, die Zucchiniblüten darauf legen. Sofort servieren.

SPAGHETTINI MIT RIESEN-KREVETTEN AN ZITRONEN-PFEFFER-CRÈME FRAÎCHE

20–24 rohe Riesenkrevetten/-garnelen, ca. 600 g

Marinade
4 EL Cognac
1 EL Worcestersauce
1 EL Zitronenpfeffer
4 EL Olivenöl extra nativ
1 EL Akazienhonig
2 TL getrocknete Provencekräuter
1 roter Peperoncino/Pfefferschote

150 g Crème fraîche
400 g Spaghettini
Meersalz

1 Die Riesenkrevetten schälen, den Rücken der Länge nach leicht aufschneiden und den Darm entfernen, die Krevetten in eine Schüssel legen.

2 Die Zutaten für die Marinade verrühren. Den Peperoncino längs aufschneiden, eventuell entkernen, fein hacken und zur Marinade geben. Die Marinade über die Krevetten giessen, rund 20 Minuten ziehen lassen.

3 Die Krevetten mit der Marinade in einer Pfanne aufkochen, von der Wärmequelle nehmen und zugedeckt 15 Minuten ziehen lassen. Die Crème fraîche unterrühren, erhitzen, mit Salz abschmecken.

4 Die Spaghettini in reichlich Salzwasser al dente kochen, abgiessen und zu den Spaghettini geben, vermengen. Auf vorgewärmten Tellern anrichten, sofort servieren.

PFEFFRIGE SPAGHETTI MIT GETROCKNETEN TOMATEN UND PECORINO

500 g Cherrytomaten
1/2 TL Meersalz

500 g Spaghetti
Meersalz
6 EL Olivenöl extra nativ
1 EL schwarze Pfefferkörner, zerstossen
100 g Pecorino
1 Hand voll kleine Basilikumblätter

1 Die Cherrytomaten halbieren, entkernen und mit der Rundung nach oben auf Haushaltpapier gut abtropfen lassen. Mit der Schnittfläche nach oben auf ein mit Backpapier belegtes Blech legen, leicht salzen. In der Mitte des auf 100 Grad erwärmten Ofens bei leicht geöffneter Tür (1 Holzlöffel einklemmen, damit die Feuchtigkeit entweichen kann) 1 Stunden trocknen lassen.

2 Die Spaghetti in reichlich Salzwasser al dente kochen, abgiessen.

3 Cherrytomaten mit Olivenöl und schwarzem Pfeffer erhitzen, die Spaghetti zufügen und vermengen, anrichten. Vom Pecorino mit dem Sparschäler Locken abziehen, auf die Pasta verteilen. Das Basilikum darüber streuen.

Getrocknete Tomaten
Das Tomatenaroma wird durch das Trocknen fruchtiger und intensiver. Da dieser Prozess nur eine Stunde dauert, bleiben die Tomaten sehr saftig. Sie können im Kühlschrank ohne weiteres 1 Woche aufbewahrt werden.

PROVENZALISCHER APFEL-RISOTTO MIT ZWEIERLEI PFEFFER UND ZIEGENFRISCHKÄSE

2 EL Butter
1 mittelgrosse Zwiebel, fein gehackt
2 Knoblauchzehen
400 g Risottoreis, z. B. Vialone, Carnaroli, Arborio
4 dl/400 ml Cidre
(vergorener Apfelsaft)
8 dl/800 ml Gemüsebrühe
1 TL fein gehackte Rosmarinnadeln
2 EL eingelegte grüne Pfefferkörner
1 EL rosa Pfefferkörner
150 g Ziegenfrischkäse
Meersalz
Pfeffer aus der Mühle

2 EL Butter
2–3 kleine rote Äpfel
1 TL Rosmarinnadeln

1 Die Zwiebeln in 2 Esslöffeln Butter andünsten, die Knoblauchzehen dazupressen, den Reis zufügen, kurz mitdünsten, den Cidre angiessen, bei kleiner Hitze vollständig einkochen lassen. Die heisse Gemüsebrühe unter häufigem Rühren nach und nach angiessen, der Reis soll immer knapp bedeckt sein. Etwa 20 Minuten köcheln lassen, bis der Reis cremig, aber noch leicht kernig ist. Rosmarinnadeln, grünen und rosa Pfeffer unterrühren.

2 Die Äpfel ungeschält vierteln, das Kerngehäuse entfernen, in Spalten schneiden, zusammen mit den Rosmarinnadeln in der Butter kurz dünsten.

3 Den Ziegenfrischkäse würfeln, unter den Risotto rühren, kurz erwärmen, damit der Käse schmelzen kann. Mit Salz und Pfeffer abschmecken.

4 Den Risotto anrichten, mit den Apfelspalten garnieren.

Variante
Der Ziegenfrischkäse kann durch einen neutralen Doppelrahmfrischkäse, z. B. Philadelphia, ersetzt werden.

HUMMER MIT ORANGENPFEFFER-SCHAUMSAUCE

4 gekochte Hummer, je ca. 650 g

Orangenpfeffer-Schaumsauce
2 dl/200 ml Fischfond, hausgemacht, oder vom Fischhändler
1 Orange, Saft
1 dl/100 g Rahm/süsse Sahne
1 TL Maisstärke
2 Msp Orangenpfeffer
Meersalz

1 Die Hummer in nasse Küchentücher einschlagen, auf ein Blech legen und in der Mitte des auf 150 Grad vorgeheizten Backofens ca. 1 Stunde sanft erwärmen.

2 Für die Sauce den Fischfond und den Orangensaft auf etwa 0,5 dl/50 ml einkochen lassen, beiseite stellen. Den Rahm mit der Maisstärke steif schlagen und bis zur Verwendung kalt stellen.

3 Kurz vor dem Servieren die Reduktion aufkochen, den Schlagrahm unterziehen, vor den Kochpunkt bringen. Mit Orangenpfeffer und Salz abschmecken.

4 Die Hummer aus den Tüchern nehmen und für ein entspanntes Essen vorbereiten: den Schwanz mit einem grossen Messer der Länge nach halbieren und die Scheren-Panzer mit dem Messerrücken leicht zertrümmern. Anrichten und mit Zitronenmelisse garnieren. Die Sauce separat servieren.

Beilage
Zu Hummer passen grüner Spargel, Kefen/Zuckerschoten oder Erbsen sowie Kartoffelpüree und Reis. Kefengemüse: 600 g Kefen putzen und zusammen mit 2 fein gehackten Schalotten in 2 EL Butter andünsten, wenig Gemüsebrühe angiessen, 5 Minuten knackig dünsten, mit Salz und schwarzem Pfeffer abschmecken.

Hummer essen
Man darf die Hände brauchen. Deshalb zu jedem Gedeck eine Fingerbowle mit warmem Wasser und einer Zitronenscheibe stellen.

Tiefgekühlter Hummer
Damit das Fleisch saftig bleibt, die Hummer möglichst am Vortag zum langsamen Auftauen in den Kühlschrank legen.

LACHS MIT PFEFFER-GEWÜRZKRUSTE UND ZITRONEN-BUTTER MIT KRESSE-KARTOFFEL-PÜREE

4 Lachsfilets mit Haut, je ca. 150 g
Meersalz
1/2 TL Zucker
1 EL schwarze Pfefferkörner, zerstossen
1 EL rosa Pfefferkörner
1 TL Koriandersamen, zerstossen
1/2 TL Fenchelsamen

Kresse-Kartoffel-Püree
700–750 g mehlig kochende Kartoffeln
180 g (1 Becher) Vollmilchjogurt
3 EL Olivenöl extra nativ
2 Knoblauchzehen
6 gehäufte EL Kapuzinerkresseblätter oder Kresse
Meersalz
schwarzer Pfeffer aus der Mühle

Zitronen-Butter
50 g Butter
1/2 unbehandelte Zitrone, abgeriebene Schale und 1 TL Saft
1 Prise Meersalz
1/2 TL rosa Pfefferkörner

4 Kapuzinerkresse-Blüten, für die Garnitur

1 Die Lachsfilets auf der Hautseite mit einem spitzen Messer im Abstand von 1 cm einritzen. Mit Salz leicht einreiben, mit Zucker, Pfeffer, Koriander- und Fenchelsamen bestreuen und zugedeckt bei Zimmertemperatur rund 15 Minuten marinieren.

2 Für das Püree die Kartoffeln schälen und klein würfeln, im Dampf weich garen, durch das Passetout drehen. Jogurt, Olivenöl, durchgepressten Knoblauch und Kresse fein pürieren. Kurz vor dem Servieren Kartoffel- und Kressepüree unter kräftigem Rühren erhitzen, mit Salz und Pfeffer abschmecken.

3 Die Lachsfilets auf der Hautseite im Olivenöl ca. 2 Minuten kräftig anbraten, wenden. Die Bratpfanne von der Wärmequelle nehmen und den Fisch zugedeckt ca. 3 Minuten garziehen lassen.

4 Für die Zitronenbutter alle Zutaten einmal aufschäumen lassen.

5 Die Lachsfilets auf vorgewärmten Tellern anrichten. Die Zitronen-Butter darüber träufeln. Mit den Blüten garnieren. Das Püree separat servieren oder mit einem Esslöffel Klösschen abstechen und zum Lachsfilet anrichten.

Kapuzinerkresse
Die Blüten sehen wunderschön aus. Auch die Blätter haben kulinarische Qualitäten: Mit ihrem zarten Pfefferaroma eignen sie sich zum Würzen von Gerichten und Blattsalaten wie auch zur Herstellung von Pesto für Teigwaren.

KABELJAU-SOUFFLÉ MIT ROSA PFEFFER UND BUNTEM REISSALAT

für 4 Förmchen oder Kaffeetassen von ca. 1,8 dl/180 ml Inhalt

Kabeljau-Soufflé
300 g Kabeljaufilet, eiskalt
2,5 dl/250 g Rahm/süsse Sahne, eiskalt
2 EL Noilly Prat (trockener Wermut)
1 Briefchen Safran
2 EL rosa Pfefferkörner
2 TL Meersalz
2 Eiweiss von Freilandeiern, steif geschlagen
Butter für die Förmchen

Reissalat
300 g Langkornreis
6 dl/600 ml Wasser
Meersalz
1 Briefchen Safran
4 EL Randen/-Rote-Bete-Saft
2 EL Obstessig
1 Msp Meersalz
4 EL kalt gepresstes Sonnenblumenöl
1 Frühlingszwiebel, fein gehackt
2 EL rosa Pfefferkörner, leicht zerdrückt

1 Den Backofen auf 160 Grad vorheizen. Die Förmchen gut einbuttern.

2 Für den Reissalat je 100 g Reis zusammen mit 2 dl/-200 ml Wasser und einer Prise Salz in drei kleinen Pfannen aufkochen, auf der ausgeschalteten Wärmequelle zugedeckt ausquellen lassen, nach 10 Minuten einer Portion den Safran beifügen und der zweiten den Randensaft. Rund 30 Minuten ausquellen lassen, der Reis sollte kernig bleiben. Getrennt unter kaltem Wasser abspülen, gut abtropfen lassen.

3 Das Fischfilet in feine Streifen schneiden, zusammen mit Rahm, Noilly Prat und Safran sehr fein pürieren. Den rosa Pfeffer unterrühren, mit Salz würzen. Den Eischnee unterheben. Die Fischmasse in die Förmchen füllen.

4 Die Förmchen in ein ofenfestes Geschirr stellen und bis 1 cm unter den Rand mit kochendem Wasser füllen. Fischsoufflés in der Mitte des auf 160 Grad vorgeheizten Ofens 35 bis 40 Minuten pochieren.

5 Für die Sauce Essig, Salz und Sonnenblumenöl gut verrühren, rosa Pfeffer, Zwiebeln und alle drei Reissorten beifügen, gut vermengen. 10 Minuten ziehen lassen.

6 Den Rand der Soufflés noch heiss mit einem Messer sorgfältig lösen, zusammen mit dem Reissalat auf Tellern anrichten, sofort servieren.

TROPIC-PFEFFER-ROTBARBE AUF FAVEBOHNEN MIT ROTER BUTTERSAUCE

*8 Rotbarbenfilets mit Haut,
je 120 g
Meersalz
2 EL Tropic-Pfefferkörner,
grob zerstossen
2 EL Bratbutter/Butterschmalz*

Rote Buttersauce
*3 dl/300 ml kräftiger Rotwein,
z. B. Merlot
2 dl/200 ml Fischfond, hausgemacht,
oder vom Fischhändler
1 Prise Zucker
150 g kalte Butterstückchen
Meersalz
schwarzer Pfeffer aus der Mühle
400 g ausgekernte Favebohnen, entspricht 1,5 kg Bohnen mit Hülse*

1 Für die Buttersauce den Rotwein und den Fischfond bei starker Hitze auf etwa 3 Esslöffel einkochen lassen, beiseite stellen.

2 Die Favebohnen im Dämpfaufsatz rund 10 Minuten garen, mit Salz würzen.

3 Die Rotbarbenfilets beidseitig mit Salz würzen, leicht einreiben. Die Hautseite mit dem Tropic-Pfeffer bestreuen, gut andrücken. Die Fischfilets auf der Hautseite in der heissen Bratbutter ca. 1 Minute braten, wenden. Die Pfanne von der Wärmequelle nehmen, zugedeckt rund 5 Minuten garziehen lassen.

4 Die Rotweinreduktion aufkochen, die Butter portionenweise unter ständigem Rühren mit dem Schneebesen unterrühren, dabei die Sauce hin und wieder kurz erwärmen, sie darf aber nicht kochen. So lange rühren, bis die Sauce dickflüssig ist, mit Salz und Pfeffer abschmecken.

5 Die Bohnen auf vorgewärmten Tellern anrichten, das Rotbarbenfilet darauf legen, mit der Rotweinbutter umgiessen.

Variante
Die Bohnenmenge halbieren und zusätzlich im Dampf gegarte Kartoffeln dazu servieren.

ANANAS-SALAT MIT GRÜNEM PFEFFER UND RIESENKREVETTEN

4 Baby-Ananas
1 Freilandgurke
2 Frühlingszwiebeln mit Grün
ca. 500 g gekochte, geschälte Riesenkrevetten/-garnelen
Basilikum für die Garnitur

Sauce
1,5 dl/150 ml Ananassaft
3 TL rote Thai-Currypaste
6 EL Olivenöl extra nativ
1 EL fein geschnittenes Basilikum
4 TL eingelegte grüne Pfefferkörner
Meersalz

1 Sämtliche Zutaten für die Sauce sämig rühren, mit Salz abschmecken.

2 Die Ananas längs halbieren. Das Fruchtfleisch mit einem kleinen Messer knapp 1 cm vom Rand entfernt lösen und mit einem Suppenlöffel herausnehmen, den Strunk entfernen, das Fruchtfleisch klein würfeln. Die Gurke schälen, längs halbieren und entkernen, das Fruchtfleisch klein würfeln. Die Zwiebelröhrchen in feine Ringe schneiden, die Zwiebeln fein hacken.

3 Ananas, Gurken, Zwiebeln und Riesenkrevetten mit der Sauce mischen und in die Ananashälften füllen. Mit Basilikum garnieren.

Tipp
Dieses erfrischende, sommerliche Gericht lässt sich auch als Vorspeise servieren: einfach alle Zutaten halbieren.

PFEFFRIGE ENTENBRUST AUF TOSKANISCHEN BOHNEN

Pfeffrige Entenbrust
*4 Entenbrüstchen mit Haut,
je ca. 150 g
2 TL Knoblauchpfeffer
Meersalz
1 EL Olivenöl extra nativ
4 EL Olivenöl extra nativ
zum Beträufeln
4 Rosmarinzweige für die Garnitur*

Cannellini-Bohnen
*250 g getrocknete weisse Cannellini-Bohnen
2 EL Olivenöl extra nativ
2 kleine Zwiebeln
2 Knoblauchzehen
3 Rosmarinzweige
1 Lorbeerblatt
Meersalz
schwarzer Pfeffer aus der Mühle*

1 Die Bohnen mit reichlich kaltem Wasser bedecken und mindestens 6 Stunden oder besser über Nacht einweichen. Abgiessen.

2 Zwiebeln und Knoblauch fein hacken, im Olivenöl andünsten. Bohnen, Rosmarin und Lorbeerblatt beifügen, mit etwa 1½ Liter Wasser aufgiessen, aufkochen und die Bohnen bei kleiner Hitze weich garen, etwa 45 Minuten. Zugedeckt warm halten.

3 Den Backofen auf 80 Grad vorheizen.

4 Die Haut der Entenbrüstchen mit einem scharfen Messer rautenförmig einschneiden, ohne in das Fleisch zu schneiden. Beidseitig mit Knoblauchpfeffer und Salz einreiben, mit Olivenöl einpinseln. Mit der Hautseite nach unten in eine kalte, nicht klebende Bratpfanne legen und bei mittlerer Hitze braun braten, wenden und auf der Fleischseite ebenfalls braun braten. Die Brüstchen in eine feuerfeste Form legen und in der Mitte des auf 80 Grad vorgeheizten Ofens rund 30 Minuten garziehen lassen.

5 Die Bohnen abgiessen, die Kräuter entfernen, mit Salz und Pfeffer würzen. Auf vorgewärmten Tellern anrichten. Die Entenbrüstchen in Längsrichtung in feine Scheiben schneiden, auf die Bohnen legen, mit wenig Olivenöl beträufeln und mit einem Rosmarinzweig garnieren.

Getrocknete Bohnen
Die Bohnen erst nach dem Garen salzen, sonst werden sie nicht weich. Die Garzeit der Bohnen kann je nach Alter variieren. Grundsätzlich sollten die Bohnen von der letzten Ernte sein. Alte Bohnen werden auch nach stundenlanger Kochzeit kaum mehr weich und die feinen Häutchen platzen.

PERLHUHNSCHENKEL MIT NEKTARINENSAUCE SWEET & SOUR

4 Perlhuhnschenkel/-keulen mit Haut
Meersalz
1 EL rosa Pfefferkörner,
fein zerdrückt
2 EL Bratbutter/Butterschmalz

Sauce
3 dl/300 ml Pfirsichsaft
1 EL Maisstärke
1 dl/100 ml Geflügelbrühe,
hausgemacht, oder aus dem
Spezialitätenladen
1 EL Weissweinessig
2 durchgepresste Knoblauchzehen
1 EL Zucker
Meersalz
1/2 TL Ingwerpulver
2 TL Tomatenpüree
1 TL rosa Pfefferkörner
2 reife Nektarinen
einige Kerbelblättchen für die
Garnitur

1 Den Backofen auf 80 Grad vorheizen.

2 Die Perlhuhnschenkel mit Salz und rosa Pfeffer würzen, leicht einreiben. In der heissen Bratbutter beidseitig kurz und kräftig anbraten, in eine feuerfeste Form legen und im vorgeheizten Ofen auf mittlerem Einschub rund 20 Minuten garziehen lassen.

3 Die Nektarinen halbieren, den Stein herauslösen, die Fruchthälften in feine Spalten schneiden.

4 Das Fett in der Bratpfanne auftupfen. Die Maisstärke mit wenig Pfirsichsaft anrühren. Sämtliche Zutaten, ohne die Nektarinen, in die Bratpfanne geben und unter ständigem Rühren aufkochen. Die Nektarinenspalten dazugeben, bei kleiner Hitze einige Minuten ziehen lassen.

5 Die Perlhuhnschenkel mit der Nektarinensauce auf vorgewärmten Tellern anrichten, mit Kerbelblättchen garnieren.

Tipp
Mit Reis oder chinesischen Eiernudeln servieren.

HEISS GERÄUCHERTE ORANGENPFEFFER-POULETBRÜSTCHEN AUF CHINESISCHEN KOKOSNUDELN

4 Poulet-/Hähnchenbrüstchen mit Haut, je ca. 120 g
4 EL Sojasauce
2 EL Olivenöl extra nativ
4 TL Orangenpfeffer

extra starke Alufolie
500 g Reis
6 EL offener Schwarztee
5 Gewürznelken
3 Sternanis

Kokossauce
1,5 dl/150 ml kräftige Gemüsebrühe
4 TL Maisstärke
1,75 dl/175 ml Kokosmilch
1 Knoblauchzehe, in feinen Scheiben
1/2 Orange, Saft
1 TL Orangenpfeffer
2 TL fein gehackter Koriander
Meersalz

250 g chinesische Eiernudeln
Koriander für die Garnitur

1 Sojasauce und Olivenöl verrühren. Die Pouletbrüstchen mit der Marinade bepinseln und bei Zimmertemperatur zugedeckt rund 30 Minuten marinieren. Die Marinade abstreifen und die Brüstchen mit dem Orangenpfeffer einreiben.

2 Einen Wok oder eine Bratpfanne mit gewölbtem Deckel mit Alufolie auskleiden. Reis, Schwarztee, Gewürznelken und Sternanis hineingeben und durch Bewegen mischen. Ein Gitter oder einen Rost aus langen Metallspiessen auf den Wok legen, die Pouletbrüstchen darauf legen; sie sollten zum Reis mindestens 2 cm Abstand haben.

3 Den Wok auf der höchsten Stufe erhitzen, warten, bis Rauch aufsteigt. Auf mittlere Stufe zurückschalten, die Pouletbrüstchen auf den Rost legen und rund 30 Minuten zugedeckt räuchern, bis sie gar sind.

4 Für die Kokossauce die Maisstärke mit der Gemüsebrühe anrühren, die übrigen Zutaten dazugeben und unter Rühren aufkochen und sämig werden lassen.

5 Die Nudeln in reichlich Salzwaser al dente kochen, abgiessen, zur Kokossauce geben.

6 Die Nudeln auf vorgewärmten Tellern anrichten, die Pouletbrüstchen in Scheiben schneiden und darauf legen. Mit dem Koriander garnieren.

Anmerkung
Diese abenteuerlich anmutende und doch einfache Zubereitung hat besondere geschmackliche Qualitäten! Die leichte Rauchbelästigung ist bei geöffnetem Fenster rasch vorbei.

GEBRATENE ENTENBRUST AUF GRÜNER PFEFFERSAUCE

*4 Entenbrüstchen mit Haut,
je ca. 150 g
Meersalz
schwarzer Pfeffer aus der Mühle
1 EL flüssige
Bratbutter/Butterschmalz*

*Grüne Pfeffersauce
1 EL Zucker
3 dl/300 ml Geflügelbrühe,
hausgemacht, oder aus dem
Spezialitätenladen
2 unbehandelte Orangen,
Saft und 1 TL abgeriebene Schale
1 TL Honig
4 TL Maisstärke
2 EL Wasser
20 g kalte Butter
2 EL eingelegte grüne Pfefferkörner,
grob zerdrückt
wenig Meersalz*

1 Den Backofen auf 80 Grad vorheizen.

2 Die Haut der Entenbrüstchen mit einem scharfen Messer rautenförmig einschneiden, ohne in das Fleisch zu schneiden. Beidseitig mit Salz und Pfeffer würzen, leicht einreiben. Mit der flüssigen Bratbutter einpinseln. Mit der Hautseite nach unten in eine kalte, nicht klebende Bratpfanne legen und die Brüstchen bei mittlerer Hitze bräunen. Wenden und auf der Fleischseite ebenfalls braun braten. Die Brüstchen in eine feuerfeste Form legen und im vorgeheizten Ofen bei 80 Grad auf mittlerem Einschub ca. 30 Minuten garziehen lassen.

3 Für die Sauce den Zucker in einer Pfanne karamellisieren. Geflügelbrühe, Orangensaft, Orangenschale und Honig zufügen, aufkochen und bei mittlerer Hitze auf etwa 3,5 dl/350 ml einkochen lassen. Die Maisstärke mit dem Wasser anrühren, zufügen und unter Rühren aufkochen, die Butter stückchenweise unterrühren. Den grünen Pfeffer zugeben, mit Salz abschmecken.

4 Mit der Sauce auf vorgewärmten Tellern einen Spiegel machen. Die Entenbrüstchen in Scheiben schneiden und darauf anrichten.

Tipps
Zu diesem klassischen Gericht passt ein Kartoffelpüree. Oder man serviert die Entenbrust wie in den französischen Bistros einfach mit frischem Weissbrot. Im Handel befinden sich auch sehr grosse, etwa 300 g schwere Entenbrüste. Sie reichen für 2 Personen. Die Zubereitung bleibt sich gleich, die Garzeit ist entsprechend länger, etwa 45 Minuten.

PFEFFRIGE TRUTHAHNRÖLLCHEN MIT GORGONZOLA AN LEICHTER PORTWEINSAUCE

*4 dünne Truthahnschnitzel,
je ca. 150.g
250 g Gorgonzola,
in dünnen Scheiben
12 Basilikumblätter
Meersalz
4 EL eingelegte grüne Pfefferkörner,
grob gehackt
4 Alufolien, ca. 15 cm x 20 cm
4 TL weiche Butter*

Portweinsauce
*1 EL Zucker
4 dl/400 ml Geflügelbrühe,
hausgemacht, oder aus dem
Spezialitätenladen
2 dl/200 ml Portwein
4 TL Maisstärke
2 EL Wasser
1 EL kalte Butter
Meersalz
schwarzer Pfeffer aus der Mühle*

Basilikum für die Garnitur

1 Den Backofen auf 220 Grad vorheizen.

2 Die Truthahnschnitzel mit den Gorgonzolascheiben und den Basilikumblättern belegen, von der schmalen Seite her satt aufrollen. Die Röllchen mit Salz würzen und mit dem grünen Pfeffer «panieren».

3 Die Mitte der Alufolienstücke mit Butter bestreichen, die Röllchen darauf legen und einwickeln, die Enden zudrehen. Auf ein Blech legen und in der Mitte des auf 220 Grad vorgeheizten Ofens rund 20 Minuten backen.

4 Für die Sauce den Zucker in einer Pfanne karamellisieren, mit der Geflügelbrühe und dem Portwein aufgiessen, aufkochen und bei kleiner Hitze auf 3,5dl/-350 ml einkochen. Die Maisstärke mit dem Wasser anrühren, zur Sauce geben, 2 bis 3 Minuten köcheln lassen. Die Butter unterrühren, mit Salz und schwarzem Pfeffer abschmecken.

5 Die Truthahnröllchen aus der Folie nehmen und auf vorgewärmten Tellern anrichten. Mit der Sauce umgiessen und dem Basilikum garnieren.

Tipps
Mit gedämpftem Saisongemüse und einer Kartoffelbeilage servieren.

GEFÜLLTE PFEFFER-STUBENKÜKEN MIT BALSAMICO UND GEBRATENEN PATISSONS

*4 Mistkratzerli/Stubenküken,
je ca. 450 g
300 g Salz
3 l kaltes Wasser
2 EL Olivenöl extra nativ
1 TL schwarzer Pfeffer aus der Mühle
1 EL Balsamico*

Couscous-Füllung mit Oliven
*1 Bund Frühlingszwiebeln mit Grün
2 durchgepresste Knoblauchzehen
3/4 l kräftige Geflügelbrühe
300 g Couscous
50 g entsteinte schwarze Oliven, geviertelt
1 EL Balsamico
1/2 TL schwarzer Pfeffer
aus der Mühle*

*300 g kleine Patissons
2 EL Olivenöl extra nativ
4 EL Balsamico*

1 Das Salz in einer weiten Schüssel im kalten Wasser auflösen, die Mistkratzerli hineinlegen. Eventuell noch etwas Wasser nachgiessen, sie sollen vollständig mit Wasser bedeckt sein. Im Kühlschrank ca. 2 Stunden ziehen lassen. Die Mistkratzerli aus dem Salzwasser nehmen, unter kaltem Wasser abspülen, mit Haushaltpapier trocken tupfen und auf ein mit Backpapier belegtes Blech setzen.

2 Den Backofen auf 200 Grad vorheizen.

3 Für die Füllung das Zwiebelgrün in feine Ringe, die Zwiebeln in feine Scheiben schneiden. Sämtliche Zutaten in eine Pfanne geben und unter Rühren aufkochen, ca. 5 Minuten zugedeckt quellen lassen.

4 Die Mistkratzerli mit dem Couscous füllen, den Rest zugedeckt warm stellen. Olivenöl, Pfeffer und Balsamico verrühren, die Mistkratzerli damit rundum bepinseln. In der Mitte des auf 200 Grad vorgeheizten Ofens rund 30 Minuten braten, ab und zu wenden. Sie sind gar, wenn der austretende Saft eines mit einer Nadel angestochenen Schenkels klar ist.

5 Die Patissons vierteln und im Olivenöl braten.

6 Mistkratzerli, Patissons und restliches Couscous auf vorgewärmten Tellern anrichten. Mit dem Balsamico beträufeln.

Salzwasserbad
Das Salzwasserbad ist die perfekte Methode zum Würzen von Haut und Fleisch. Selbstverständlich können die Mistkratzerli auch ganz einfach innen und aussen gesalzen werden.

KALBSFILET MIT SCHWARZER PFEFFER-PILZ-KRUSTE AUF RUCOLASAUCE

1 Kalbsfilet, Mittelstück, ca. 600 g
3 EL Mehl
1 Eiweiss von einem Freilandei
20 g getrocknete Herbsttrompeten
2 EL körniger schwarzer Pfeffer
Meersalz
Bratbutter/Butterschmalz

Sauce
250 g Rucola
1 Schalotte
1 EL Butter
3 EL trockener Weisswein
Meersalz
150 g Frischkäse, z. B. Boursin
schwarzer Pfeffer aus der Mühle

1 Hand voll Rucola für die Garnitur

1 Für die Pfeffer-Pilz-Kruste das Mehl auf einen flachen Teller geben. Das Eiweiss in einem Suppenteller leicht verquirlen. Die Pilze im Cutter oder im Bechermixer körnig hacken, mit dem Pfeffer auf einen flachen Teller geben und mischen.

2 Den Backofen auf 80 Grad vorheizen.

3 Das Kalbsfilet mit Salz würzen. Zuerst im Mehl, dann im Eiweiss und zuletzt in der Pilz-Pfeffer-Mischung wenden. Mit möglichst der gesamten Pilz-Pfeffer-Mischung panieren. Das Fleisch in der Bratbutter bei mittlerer Hitze rundum etwa 5 Minuten anbraten, in ein ofenfestes Geschirr legen und im vorgeheizten Ofen auf mittlerem Einschub bei 80 Grad rund 1 Stunde garziehen lassen. Die Kerntemperatur soll 60 Grad erreichen.

4 Für die Sauce Rucola und Schalotten fein hacken, in der Butter andünsten. Den Weisswein angiessen, den Boursin unterrühren, 2 Minuten köcheln lassen. Pürieren. Die Sauce mit Salz und Pfeffer abschmecken.

5 Mit der Sauce auf vorgewärmten Tellern einen Spiegel machen. Das Fleisch in dicke Scheiben schneiden und darauf anrichten. Mit Rucola garnieren.

Beilage
Nudeln, Reis oder im Dampf gegarte Kartoffeln.

Garen bei Niedertemperatur
Das Fleisch kann im Ofen bei 60 Grad weitere 45 Minuten warm gehalten werden.

SCHWEINSKOTELETT MIT KIRSCHEN UND GRÜNEM PFEFFER GRATINIERT

4 Schweinskoteletts, je ca. 180 g
Meersalz
schwarzer Pfeffer aus der Mühle
2 EL scharfer Senf
2 EL Bratbutter/Butterschmalz
1 Bund Frühlingszwiebeln mit Grün
100 g Emmentaler, grob geraffelt
250 g entsteinte Kirschen
1 EL eingelegte grüne Pfefferkörner

Sauce
1 Schalotte, fein gehackt
1 dl/100 ml Kirschensaft oder roter Traubensaft
1,8 dl/180 g Saucenhalbrahm/Saucensahne
1 EL eingelegte grüne Pfefferkörner
1 TL Zitronensaft
Meersalz

1 Den Backofen auf 220 Grad vorheizen.

2 Die Koteletts mit Salz und Pfeffer würzen, beidseitig mit dem Senf einstreichen. 30 Minuten marinieren. In der Bratbutter beidseitig ca. 4 Minuten anbraten. Ein Backblech mit Backpapier belegen, die Koteletts darauf legen.

3 Das Grün der Frühlingszwiebeln in Ringe, die Zwiebeln in Scheiben schneiden, auf die Koteletts verteilen, den Käse darüber streuen, mit den Kirschen belegen und die Pfefferkörner darüber streuen. Die Koteletts im vorgeheizten Backofen bei 220 Grad rund 15 Minuten überbacken.

4 Für die Sauce die Schalotten in der Fleischpfanne andünsten, den Kirschensaft angiessen und bei starker Hitze auf 2 Esslöffel einkochen lassen. Den Saucenrahm und den Pfeffer unterrühren, aufkochen, mit Zitronensaft und Salz abschmecken.

5 Mit der Sauce auf vorgewärmten Tellern einen Spiegel machen, die Koteletts darauf anrichten.

Tipp
Zu diesem herzhaften sommerlichen Gericht passen Kartoffeln oder frisches Brot besonders gut.

ASIATISCH MARINIERTES PFEFFER-SCHWEINSFILET AUF SAFTIGEM KOKOS-REIS

1 Schweinsfilet, ca. 600 g
1 EL Erdnuss- oder Sonnenblumenöl

Marinade
1 Zitronengrasstängel oder
1 unbehandelte Zitrone,
nur abgeriebene Schale
1 EL Tropic-Pfefferkörner, zerstossen
1 Schalotte, fein gehackt
1 EL Erdnuss- oder Sonnenblumenöl
3 EL Sojasauce
2 EL Honig

saftiger Kokosreis
300 g Basmati- oder Parfümreis
1,75 dl/175 ml Kokosmilch
4,5 dl/450 ml Gemüsebrühe
2 EL rosa Pfefferkörner
Meersalz

12 Stängel chinesischer
Schnittlauch/Schnittknoblauch

1 Für die Marinade das Zitronengras sehr fein schneiden und mit den restlichen Zutaten aufkochen. Das Schweinsfilet darin wenden und zugedeckt im Kühlschrank mindestens 2 Stunden, besser über Nacht, marinieren.

2 Den Backofen auf 80 Grad vorheizen.

3 Das Fleisch aus der Marinade nehmen, mit Küchenpapier trocken tupfen. In einer nicht klebenden Bratpfanne im Öl rundum ca. 5 Minuten anbraten. Das Filet in ein feuerfestes Geschirr legen, im vorgeheizten Backofen bei 80 Grad ca. 1 Stunde garziehen lassen.

4 Basmati-Reis in einem feinmaschigen Sieb unter fliessendem kaltem Wasser spülen, bis das Wasser klar ist. Reis, Kokosmilch, Gemüsebrühe und rosa Pfeffer aufkochen, auf der ausgeschalteten Wärmequelle zugedeckt ca. 15 Minuten ausquellen lassen, mit Salz abschmecken.

5 Das Schweinsfilet in dünne Scheiben schneiden, mit dem Kokosreis auf vorgewärmten Tellern anrichten, mit dem chinesischen Schnittlauch garnieren.

Tipp
Auf dem Bild wurde auf Bananenblütenblättern angerichtet, was sehr reizvoll aussieht. Sie sind in asiatischen Lebensmittelgeschäften erhältlich und können auch als Gemüse gebraten werden.

RINDSFILET MIT PFEFFER-KAFFEE-KRUSTE UND GEBRATENEM LATTICH

600 g Rindsfilet, vom Mittelstück
3 EL Kaffeebohnen
3 EL schwarze Pfefferkörner
1 Eiweiss von einem Freilandei
Fleischfaden
Meersalz
2 EL Bratbutter/Butterschmalz

4 Mini-Lattich
2 EL Butter
Meersalz
schwarzer Pfeffer aus der Mühle

1 Die Kaffeebohnen und die Pfefferkörner getrennt im Mörser oder Cutter oder Mixerglas zu einem grobkörnigen Pulver verarbeiten, in einen Teller geben und mischen. Das Eiweiss in einem Suppenteller leicht verquirlen.

2 Den Backofen auf 80 Grad vorheizen.

3 Das Rindsfilet in gleichmässigen Abständen dreimal mit Fleischfaden binden, salzen. Zuerst im Eiweiss, dann in der Pfeffer-Kaffee-Mischung drehen. Mit möglichst dem gesamten Pfeffer-Kaffee-Pulver «panieren».

4 Das Filet in der Bratbutter rundum ca. 5 Minuten anbraten, in ein feuerfestes Geschirr legen und im vorgeheizten Ofen auf mittlerem Einschub bei 80 Grad rund 90 Minuten garziehen lassen.

5 Die Lattichköpfe putzen, quer in 1 cm breite Streifen schneiden, in der Butter dünsten, mit Salz und Pfeffer abschmecken.

6 Das Rindsfilet vorsichtig in 4 dicke Scheiben schneiden, auf dem Lattich anrichten.

Tipp
Mit herzhaftem Brot und der Balsamico-Sauce, Seite 24, servieren.

Kaffee-Pfeffer-Kruste
Die ungewöhnliche Kombination von Pfeffer und Kaffee habe ich in einem New Yorker Restaurant entdeckt. Die Schärfe des Pfeffers in Kombination mit weich-bitteren Kaffeearomen und Fleisch hat mich begeistert. In diesem Rezept entfaltet sich durch die lange Garzeit das ganze Aromaspektrum.

KRÄUTER-ROASTBEEF MIT PIKANTEN PFEFFER-FEIGEN

700 g Roastbeef
Meersalz
Pfeffer aus der Mühle
1 EL Bratbutter/Butterschmalz
1 EL Dijonsenf

Kräutermischung
4 Bund Petersilie, fein gehackt
2 EL fein gehackter Salbei
1 unbehandelte Limette, abgeriebene Schale
1 TL Meersalz
1 TL schwarzer Pfeffer aus der Mühle

Pfeffer-Feigen
3 dl/300 ml kräftiger Rotwein
4 dl/400 ml Kalbsfond, hausgemacht, oder aus dem Spezialitätenladen
2 TL schwarze Pfefferkörner, zerstossen
2 Gewürznelken
1 TL Honig
3 EL Portwein
4 TL Maisstärke
6 reife Feigen
Meersalz
Pfeffer aus der Mühle

1 Das Roastbeef ca. 1 Stunde vor der Zubereitung aus dem Kühlschrank nehmen.

2 Den Backofen auf 80 Grad vorheizen.

3 Die Zutaten für die Kräutermischung vermengen. Das Fleisch mit einem Messer ca. 12 Mal 2 cm tief einschneiden. Die Einschnitte mit dem Finger etwas auseinander drücken und mit der Kräutermischung füllen. Das Roastbeef mit Küchenpapier trocken tupfen, mit Salz und Pfeffer würzen. In der Bratbutter rundum ca. 15 Minuten anbraten. Das Roastbeef in ein ofenfestes Geschirr legen, mit dem Senf einstreichen. Im vorgeheizten Ofen auf mittlerem Einschub bei 80 Grad rund 2 Stunden garziehen lassen. Die Kerntemperatur soll etwa 60 Grad erreichen. Das Roastbeef kann bei 60 Grad bis zu 45 Minuten warm gehalten werden.

4 Das Fett in der Bratpfanne mit Küchenpapier auftupfen. Den Rotwein und den Kalbsfond dazugeben, unter Rühren erhitzen und den Bratfond auflösen. Pfeffer, Gewürznelken und Honig dazugeben, auf 3 dl/300 ml einkochen lassen. Die Reduktion durch ein feines Sieb in eine kleine Pfanne passieren. Die Maisstärke mit dem Portwein anrühren, zur Sauce geben und unter ständigem Rühren aufkochen. Die geviertelten Feigen mit der Sauce aufkochen, auf der ausgeschalteten Wärmequelle zugedeckt 10 Minuten ziehen lassen. Mit Salz und Pfeffer abschmecken. Vor dem Servieren nochmals erhitzen.

5 Das Fleisch in feine Scheiben schneiden, zusammen mit den pikanten Pfeffer-Feigen und der Sauce auf vorgewärmten Tellern anrichten.

Tipp
Mit Gnocchi, Kartoffelpüree oder Nudeln servieren.

GEPFEFFERTES LAMMFILET MIT MESCLUN-SALAT

600 g Lammfilet
1 EL Tropic-Pfefferkörner,
grob zerstossen
Meersalz
Olivenöl zum Braten

300 g gemischte Blattsalate,
z. B. Kresse, Pflücksalat, Rucola,
Eichblatt, Kopfsalat usw.
1 Hand voll gemischte Wildkräuter,
z. B. Bärlauch, Sauerampfer,
Löwenzahn
einige Kräuterzweige, z. B. Kerbel,
Estragon, Petersilie
250 g Cherrytomaten, halbiert
1 Hand voll Blüten, z. B. Kapuziner-
blüten, Schnittlauchblüten, Garten-
nelken

Vinaigrette
3 EL Kräuteressig
2 TL Zitronensaft
Meersalz
Pfeffer aus der Mühle
6 EL Olivenöl extra nativ
1 Bund Schnittlauch,
fein geschnitten
1 EL fein gehackte
glattblättrige Petersilie
1 EL fein gehackte Pfefferminze oder
fein geschnittenes Basilikum

1 Blattsalate, Wildkräuter und Kräuter in mundgerechte Stücke zupfen, zusammen mit Cherrytomaten und Blüten auf grossen Tellern wie einen Blumenstrauss anrichten.

2 Aus Essig, Zitronensaft, Salz, Pfeffer und Olivenöl eine Vinaigrette rühren, die Kräuter beifügen.

3 Das Lammfilet mit Salz und Pfeffer würzen, im Olivenöl rundum 3 Minuten braten, kurz ruhen lassen. Das Filet schräg in Scheiben schneiden.

4 Die Vinaigrette über den Salat träufeln, die Lammfiletscheiben zwischen den Salat legen.

Mesclun
Mesclun leitet sich vom italienischen «miscela» (Mischung) ab und ist die südfranzösische Bezeichnung für eine bunte Salatmischung, die sich nach der Saison richtet. Blattsalate werden mit Wild- und Gartenkräutern sowie Blüten nach Angebot und Geschmack gemischt.

ORANGEN-QUARKCREME MIT ROSA PFEFFER

2 dl/200 ml Orangensaft, frisch gepresst
4 EL Honig, z. B. Orangenblütenhonig
1 EL rosa Pfefferkörner
2 Orangen
250 g Magerquark
1,8 dl/180 ml Sauermilch
1 TL rosa Pfefferkörner für die Garnitur

1 Den Orangensaft mit Honig und rosa Pfeffer (1 Esslöffel) sirupartig einkochen und etwas auskühlen lassen.

2 Die Orangen mit dem Messer schälen und die einzelnen Filets zwischen den weissen Trennhäutchen herausschneiden, die Kerne entfernen.

3 Orangensaftreduktion, Magerquark und Sauermilch mit dem Schneebesen gut verrühren, die Hälfte der Orangenschnitze unterrühren.

4 Die Orangen-Quarkcreme auf Dessertschalen verteilen, mit den restlichen Orangenschnitzen und dem rosa Pfeffer garnieren.

GEPFEFFERTE ZABAIONE ÜBER SOMMERBEEREN

500 g gemischte Sommerbeeren,
z. B. Himbeeren, Brombeeren,
Johannisbeeren, Heidelbeeren
2 dl/200 ml Dessert-Rotwein mit natürlicher
Restsüsse, z. B. Recioto Amabile
2 Eigelb von Freilandeiern
1 EL Zucker
1/2 TL Maisstärke
1 kräftige Prise schwarzer Pfeffer

1 Die Sommerbeeren in Weingläser oder andere hohe Gläser füllen.

2 Den Wein mit Eigelb, Zucker, Maisstärke und einer kräftigen Prise schwarzem Pfeffer in eine feuerfeste Schüssel geben, im kochendheissen Wasserbad zu einem dicken Schaum schlagen.

3 Die Zabaione über die Beeren giessen und sofort servieren.

Tipps
Die Schärfe des Pfeffers harmoniert wunderbar mit dem Aroma des Dessert-Rotweins Recioto Amabile. Man kann natürlich auch einen anderen Dessert-Rotwein oder einen trockenen Rotwein nehmen. Bei letzterem muss die Zuckermenge verdoppelt oder verdreifacht werden. Die Maisstärke verhindert, dass das Eigelb bei zu hoher Hitze gerinnt. Sie ist selbstverständlich fakultativ.

MANGO-EISCREME MIT TROPIC PFEFFER UND HEIDELBEEREN

für 6 Förmchen von
ca. 1,5 dl/150 ml Inhalt

360 g (2 Becher) Vollmilchjogurt
300 g Mangofruchtfleisch
(ca. 2 reife Mangos)
80 g Zucker
1 frisches Eiweiss von einem Freilandei
1 EL Zucker
1,8 dl/180 g Halbrahm/süsse Sahne, steif geschlagen
1 TL Tropic-Pfefferkörner, grob gemahlen
125 g Heidelbeeren

1 Die Mangos schälen und das Fruchtfleisch vom Stein schneiden, fein pürieren.

2 Jogurt, Mangopüree und Zucker verrühren.

3 Das Eiweiss zu Schnee schlagen, den Zucker einrieseln lassen und weiter schlagen, bis sich Spitzen bilden.

4 Eischnee, Halbrahm und Tropic-Pfeffer unter den Mangojogurt ziehen, in die Förmchen giessen und mindestens 4 Stunden tief kühlen.

5 Zum Stürzen die Förmchen für einige Sekunden in heisses Wasser stellen. Das Eis anrichten, mit den Heidelbeeren garnieren.

Dekoration
So wie auf unserem Foto werden in Indien festliche Speisen gerne mit reinem Blattsilber oder Blattgold garniert. Beides ist in gut sortierten Apotheken, indischen Lebensmittelgeschäften und Spezialgeschäften für Künstlerbedarf erhältlich. Diese hauchdünn ausgerollten essbaren Edelmetalle dürfen nicht mit den in verschiedenen Farben erhältlichen billigen und für den Verzehr ungeeigneten Schlagmetallen verwechselt werden.

HEISSE SCHOKOLADENTÖRTCHEN MIT GRÜNEM PFEFFER UND FRISCHEN ERDBEEREN

für 4 Briocheförmchen von 1 dl/100 ml Inhalt

für die Förmchen
*2 EL weiche Butter
etwas Mehl*

Schokomasse
*60 g Zartbitter-Schokolade, gehackt
50 g Butterwürfelchen
1 Freilandei
1 Eigelb von einem Freilandei
3 EL Zucker
1 Briefchen Bourbon Vanillezucker
1 TL eingelegte grüne Pfefferkörner, fein gehackt
1 EL Mehl
wenig Puderzucker zum Bestäuben*

*150 g Crème fraîche
250 g Erdbeeren
2 TL eingelegte grüne Pfefferkörner*

1 Die Briocheförmchen sorgfältig ausbuttern, mit Mehl ausstäuben und kalt stellen.

2 Den Backofen auf 230 Grad vorheizen.

3 Für die Schokomasse Schokolade und Butter im heissen Wasserbad schmelzen.

4 Ei, Eigelb, Zucker und Vanillezucker mit dem Stabmixer auf höchster Stufe sehr luftig aufschlagen. Die geschmolzene Schokoladenmasse unter ständigem Schlagen zugiessen, Pfeffer und Mehl unterrühren. Die Masse in die vorbereiteten Förmchen giessen.

5 Ein Blech auf unterstem Einschub des vorgeheizten Ofens einschieben und vorwärmen. Die gefüllten Förmchen auf das heisse Blech stellen und ca. 8 Minuten backen.

6 Die Schokoladentörtchen sofort auf Teller stürzen und in den Förmchen ca. 15 Sekunden ruhen lassen. Die Förmchen vorsichtig abnehmen, die Törtchen mit wenig Puderzucker bestäuben. Mit Crème fraîche und Erdbeeren garnieren. Einige grüne Pfefferkörner darüber streuen, sofort servieren.

Tipp
Die Törtchen können am Vortag zubereitet und ungebacken im Kühlschrank aufbewahrt werden. Vor dem Backen ca. 30 Minuten Zimmertemperatur annehmen lassen.

HOT CHOCOLATE PARFAIT

1/2 l Milch
4 TL schwarze Pfefferkörner
1 Stück Zimtstange, 3 cm
100 g Zartbitter-Schokolade,
fein gehackt
4 Eigelb von Freilandeiern
50 g Vollrohrzucker
1,8 dl/180 g Rahm/süsse Sahne
1 EL rosa Pfefferkörner
150 g Zartbitter-Schokolade,
fein gehackt
einige rosa Pfefferkörner für die
Garnitur, nach Belieben

1 Milch, schwarzer Pfeffer und Zimt aufkochen, von der Wärmequelle nehmen und ca. 20 Minuten ziehen lassen. Die Gewürze herausfischen. Die Schokolade (100 g) in der Milch schmelzen.

2 Das Eigelb und den Zucker mit dem Schneebesen luftig aufschlagen. Die kochende Schokoladenmilch unter Rühren dazugeben und ca. 10 Minuten stocken lassen. Den rosa Pfeffer dazugeben, die Masse zugedeckt auskühlen lassen. Im Kühlschrank ca. 1 Stunde kühlen.

3 Den Rahm flaumig schlagen und zusammen mit der restlichen Schokolade unter die Schokoladencreme ziehen.

4 Die Parfaitmasse in ein flaches Gefäss füllen. Im Tiefkühler fest werden lassen.

5 Aus der Parfaitmasse mit einem Eisportionierer Kugeln abstechen, mit wenig rosa Pfeffer garnieren.

Aroma
Bei dieser Eiscreme wird der zartbittere Schokoladengeschmack auf raffinierte Weise mit zarten Pfefferaromen und wenig Zimt variiert und abgerundet. Ein Muss für Pfeffer- und Schokoladenliebhaber!

KARIBISCHER PIRAT

für 1 Longdrinkglas

1 Tamarillo, geschält
1,5 dl/150 ml Tomatensaft
4 EL/60 ml Tequila
2 EL Limettensaft
1/2 Schalotte, fein gehackt
1/2 Knoblauchzehe
1/2 EL fein gehackter Koriander
1/2 TL Tropic-Pfeffer aus der Mühle
1 Prise Meersalz
1/2 Tamarillo, geschält, für die Garnitur

1 Alle Zutaten im Bechermixer sehr fein pürieren und über die Eiswürfel ins Longdrinkglas giessen.

2 Die halbe Tamarillo ca. 2 cm tief einschneiden und am Glasrand befestigen. Mit einem Strohhalm servieren.

Abbildung nebenan

BLOODY MARY

für 1 Longdrinkglas

2 dl/200 ml Tomatensaft
4 EL/60 ml Wodka oder Gin
1/2 TL Worcestersauce
1/2 TL Limettensaft
1 kräftige Prise schwarzer Pfeffer
aus der Mühle
1 Prise Meersalz
einige Eiswürfel
1 Limettenfilet, für die Garnitur

1 Das Longdrinkglas kühl stellen.

2 Alle Zutaten im Shaker langsam schütteln und ins gekühlte Longdrinkglas absieben. Mit dem Limettenfilet garnieren.

BLOODY BULL

für 1 Longdrinkglas

1 dl/100 ml Tomatensaft
1 dl/100 ml gekühlte Fleischbrühe
4 EL/60 ml Wodka oder Gin
1/2 TL Tabascosauce
1 EL Limettensaft
1 kräftige Prise schwarzer Pfeffer
aus der Mühle
1 Prise Meersalz
einige Eiswürfel
1 Limettenfilet, für die Garnitur

1 Das Longdrinkglas kühl stellen.

2 Alle Zutaten im Shaker langsam schütteln und ins gekühlte Longdrinkglas absieben. Mit dem Limettenfilet garnieren.

WINTERLICHER PFEFFERPUNSCH

für 6–8 Personen

7,5 dl/750 ml kräftiger Rotwein
10 schwarze Pfefferkörner
3 Jamaika-Pfefferkörner (Piment)
1 Stück Zimtstange, 4 cm
2 Gewürznelken
1 unbehandelte Orange
1/2 unbehandelte Zitrone
6 geschälte Mandeln
3 getrocknete Feigen, halbiert
8 EL Vollrohrzucker
3 EL Cognac

1 Den Wein und die Gewürze in eine Pfanne geben. Die Orange und die Zitrone in ca. 1 cm dicke Scheiben schneiden, zusammen mit den Mandeln und den Feigen zum Rotwein geben. Alles aufkochen und auf der ausgeschalteten Wärmequelle ca. 15 Minuten zugedeckt ziehen lassen.

2 Den Punsch absieben, nochmals erhitzen und nach Belieben süssen. Mit dem Cognac verfeinern.

Abbildung nebenan

TROPISCHER PFEFFERTOPF

für 1 Longdrinkglas

1,5 dl/150 ml Ananassaft
5 EL/75 ml Kokosmilch
2 EL/30 ml frisch gepresster Zitronensaft
1/2 TL Zitronenpfeffer
etwas zerstossenes Eis
1 Prise Zitronenpfeffer zum Bestreuen
1 Stück Ananas, für die Garnitur

1 Das Longdrinkglas kühl stellen.

2 Alle Zutaten im Shaker gut schütteln und in das Longdrinkglas giessen. Mit wenig Zitronenpfeffer bestreuen und mit einem Ananasstück garnieren.

SACRAMENTO

für 1 Longdrinkglas

1 dl/100 ml Vollmilchjogurt
1 dl/100 ml frisch gepresster Orangensaft
2 EL/30 ml Orangenlikör
5 Eiswürfel
1/2 TL Orangenpfeffer
1 langer Streifen Orangenschale,
für die Garnitur

1 Alle Zutaten im Bechermixer sämig mixen, in ein Longdrinkglas giessen.

2 Den Drink mit dem Orangenschalenstreifen garnieren, mit einem Strohhalm servieren.

Die Zyliss Ceramic Mühlen bestechen durch das zukunftsweisende Keramik-Scheibenmahlwerk. Dank ihrer handlichen Grösse und dem geringen Kraftaufwand beim Mahlen sowie der stufenlosen Verstellbarkeit lassen sich die Mühlen vielseitig einsetzen.

Die Mühlen können vollständig zerlegt und problemlos gereinigt werden – sogar in der Spülmaschine!

Vertretungen:	Schweiz	Österreich	Deutschland
	Zyliss Haushaltwaren AG	Stanz- und Emaillwerke	Le Creusset GmbH
	Industriezone Nord	Gebrüder Riess	Zeppelinstrasse 9
	Schachenweg 24	Maisberg 47	D-73274 Notzingen
	CH-3250 Lyss	A-3341 Ybbsitz	
	Tel. +41 (0)32 387 10 10	Tel. +43 (0)7443 86 315	Tel. +49 (0)7021 974
	Fax +41 (0)32 387 10 20	Fax +43 (0)7443 86 654	Fax +49 (0)7021 48 02 14
	www.zyliss.ch	www.riess.at	
	e-mail: info@zyliss.ch	e-mail: riess@riess.at	

Armin Zogbaum

ist gelernter Koch. Er durchlief eine klassische Laufbahn bis zum Küchenchef, arbeitete später als Privatkoch und führte ein exklusives Catering.

Seit einigen Jahren produziert er als freischaffender Rezeptautor und Stylist regelmässig Beiträge für renommierte nationale und internationale Koch- und Frauenzeitschriften.

Das Besondere seiner Rezepte wird erkennbar an der Freude derjenigen, die sie nachkochen. Seine Kreationen sind geschmacklich ausgewogen und trotzdem pfiffig.

www.zogbaum.ch

Jérôme Bischler

hat sich als Werbefotograf etabliert. Zur Zeit liegen seine beruflichen Schwerpunkte im Bereich von redaktionellen Arbeiten für führende Zeitschriften und Buchprojekte.

Daneben engagiert er sich im Rahmen des vfg (Verein fotografischer Gestalter) als Initiant des Nachwuchsförderpreises und «The Selection» Auswahl der schweizerischen Berufsfotografie.

Die Kraft seiner grossformatigen Aufnahmen erzeugt er durch gekonnte Bildkomposition und minimale technische Nachbearbeitung.